Acércate al Sagrario

PALABRA

1ª edición, marzo 2024
2ª edición, julio 2024

© José Manuel Iglesias, 2024
© Ediciones Palabra, S.A., 2024
  Paseo de la Castellana, 210 – 28046 MADRID (España)
  Telf.: (34) 91 350 77 20 – (34) 91 350 77 39
  www.palabra.es
  palabra@palabra.es

Diseño de portada: Equipo editorial
Fotografía de portada: Sagrario de la parroquia de San Manuel González
(San Sebastián de los Reyes)
ISBN: 978-84-1368-369-0
Depósito Legal: M. 8.438-2024
Impresión: Safekat, S.L.
Printed in Spain – Impreso en España

José Manuel Iglesias

Acércate al Sagrario

La visita al Santísimo

SEGUNDA EDICIÓN

dBolsillo

– ÍNDICE –

·

INTRODUCCIÓN

El *Misterio Eucarístico* es lo más excelso y grande que posee la Iglesia. Me interesa hacerlo constar desde el principio porque, tal vez, pudiera parecer que este escrito apunta a una devoción pequeña y poco importante. Piensa –lector– que las cosas pequeñas pueden encerrar alta grandeza a impulsos del amor. ¡Qué pequeñez la materia de los Sacramentos!: un poco de agua, aceite, pan, vino..., y ¡qué grandeza de inefable vida divina comunican! La Eucaristía es memorial y presencia sacramental de Cristo, *el mismo ayer, hoy y siempre*[1].

---

[1] *Hb* 13, 8.

Quiero recordar que el Gran Jubileo del 2000 fue un año intensamente eucarístico, se mostró que, *en el sacramento de la Eucaristía, el Salvador, encarnado en el seno de María hace veinte siglos, continúa ofreciéndose a la humanidad como fuente de vida divina*[2]. Abundó por entonces profusión de documentos magisteriales sobre este tema... San Juan Pablo II convocó un *Año de la Eucaristía* y publicó la encíclica *Ecclesia de Eucharistia*[3], que incide en la centralidad del sacrificio eucarístico en la vida de la Iglesia; aquí, el Papa reflejaba su misma vida interior eucarística –¡todo un tratado!–, que pasó a ser la última encíclica del gran Pontífice.

A Benedicto XVI le tocó clausurar el *Año de la Eucaristía*. Puso su hondo saber teológico en enseñar al mundo que la Eucaristía es el corazón de la vida cristiana y el manantial de la misión evangelizadora de la Iglesia. En la exhortación apostólica *Sacramentum caritatis*, dice: «Pido a todos

---

[2] SAN JUAN PABLO II, *Tertio millennio adveniente*, 55.

[3] Encíclica *Ecclesia de Eucharistia*, 17-IV-2003.

que intensifiquen su amor y su devoción a Jesús Eucaristía y que expresen con valentía y claridad su fe en la presencia real del Señor»... Y –en especial– nos pide a los sacerdotes que tengamos siempre presente que «por lo que se refiere a la relación entre el *ars celebrandi* y la *actuosa participatio*, se ha de afirmar que la mejor catequesis sobre la Eucaristía es la Eucaristía misma bien celebrada»[4].

El papa Francisco –frecuentemente– con sus alocuciones desde la plaza de San Pedro o en sus homilías de su Misa diaria de Santa Marta anima a los cristianos a lograr una vida eucarística que transforme profundamente las relaciones humanas y nos abra al encuentro con Dios y con los hermanos. En este sacramento, enseña: «Jesús se hace frágil como el pan que se rompe y se desmiga. Pero precisamente ahí radica su fuerza. En la Eucaristía la fragilidad es fuerza, fuerza del amor, que se hace pequeño para ser acogido y no temido; fuerza del amor que se parte y se di-

---

[4] BENEDICTO XVI, *Sacramentum caritatis*, n. 64, 20-IV-2007.

vide para alimentar y dar vida, fuerza del amor que se fragmenta para reunirnos en la unidad»[5].

* * *

Antes de introducirte en lo propio de este escrito, te recuerdo –al vuelo, en un breve resumen de tan gran Sacramento– lo esencial de la enseñanza de la Iglesia sobre la Eucaristía.

Admirable sacramento

La **Eucaristía** es el sacrificio mismo del Cuerpo y de la Sangre del Señor Jesús, que Él instituyó para perpetuar en los siglos, hasta su segunda venida, el sacrificio de la Cruz, confiando así a la Iglesia el memorial de su Muerte y Resurrección. Es signo de unidad, vínculo de caridad y banquete pascual en el que se recibe a Cristo, el alma se llena de gracia y se nos da una prenda de la vida eterna.

---

[5] PAPA FRANCISCO, Alocución en el Día del Corpus Christi, 6-VI-2021.

Jesucristo **instituyó** la Eucaristía el Jueves Santo, mientras celebraba con sus Apóstoles la Última Cena.

Reunido con sus Apóstoles en el Cenáculo, Jesús tomó en sus manos el pan, lo partió y se lo dio, diciendo: «Tomad y comed todos de él, porque esto es mi Cuerpo que será entregado por vosotros». Después tomó en sus manos el cáliz con el vino y les dijo: «Tomad y bebed todos de él, porque este es el cáliz de mi Sangre, Sangre de la Alianza nueva y eterna, que será derramada por vosotros y por muchos, para el perdón de los pecados. Haced esto en conmemoración mía».

La Eucaristía es **fuente** y **culmen** de toda la vida cristiana. En ella alcanza su cumbre la acción santificante de Dios sobre nosotros y nuestro culto a Él. La Eucaristía contiene todo el bien espiritual de la Iglesia: el mismo Cristo, nuestra Pascua. Expresa y produce la comunión en la vida divina y la unidad del Pueblo de Dios. Mediante la celebración eucarística nos unimos a la liturgia del cielo y anticipamos la vida eterna.

Los diversos **nombres** que se le dan evocan sus aspectos particulares. Los más comunes son: Eucaristía, Santa Misa, Cena del Señor, Fracción del Pan, Celebración Eucarística, Memorial de la Pasión, Muerte y Resurrección del Señor, Santo Sacrificio, Santa y Divina Liturgia, Santos Misterios, Santísimo Sacramento del Altar, Sagrada Comunión...

Fue **anunciada** en la Antigua Alianza, sobre todo, en la cena pascual, celebrada cada año por los judíos con panes ázimos, como recuerdo de la salida apresurada y liberadora de Egipto.

Su **celebración** se desarrolla en dos grandes momentos, que forman un solo acto de culto: la liturgia de la Palabra, que comprende la proclamación y la escucha de la Palabra de Dios; y la liturgia eucarística, que comprende la presentación del pan y del vino, la plegaria eucarística, con las palabras de la consagración y la comunión.

El **ministro** es el sacerdote –obispo o presbítero–, válidamente ordenado, que actúa en la persona de Cristo Cabeza y en nombre de la Iglesia.

Sus elementos esenciales y necesarios son: el pan de trigo y el vino de vid.

Es **memorial** del sacrificio de Cristo, en el sentido de que hace presente y actual el sacrificio que Cristo ha ofrecido al Padre, una vez para siempre, sobre la Cruz, en favor de la humanidad. El carácter sacrificial de la Eucaristía se manifiesta en las mismas palabras de la institución: «Esto es mi Cuerpo que **se entrega** por vosotros» y «este cáliz es la Nueva Alianza en mi Sangre que **se derrama** por vosotros». El sacrificio de la Cruz y el sacrificio de la Eucaristía son un *único sacrificio*. Son idénticas la víctima y el oferente, y solo es distinto el modo de ofrecerse: de manera cruenta en la Cruz, incruenta en la Eucaristía.

La Iglesia **participa** del sacrificio de Cristo haciéndose también sacrificio de los miembros de su Cuerpo. La vida de los fieles, su alabanza, su sufrimiento, su oración y su trabajo se unen a los de Cristo. En cuanto sacrificio, la Eucaristía se ofrece también por todos los fieles, vivos y difuntos, en reparación de los pecados de todos los hombres y para obtener de Dios beneficios espirituales y temporales. También la Iglesia del cielo está unida a la ofrenda de Cristo.

Jesucristo está presente en la Eucaristía de modo único e incomparable: de modo verdadero, real y sustancial; con su Cuerpo y con su Sangre, con su Alma y su Divinidad. Cristo, todo entero, Dios y Hombre, está presente en ella de manera sacramental, es decir, bajo las especies eucarísticas del pan y del vino.

Con el término *transubstanciación* se significa la conversión de toda la sustancia del pan en la sustancia del Cuerpo de Cristo, y de toda la sustancia del vino en la sustancia de su Sangre. Esta conversión se realiza en la consagración, mediante la eficacia de la Palabra de Cristo y de la acción del Espíritu Santo. Las características sensibles del pan y del vino –las «especies eucarísticas»– permanecen inalteradas.

La **fracción del pan** no divide a Cristo: Él está presente todo e íntegro en cada especie eucarística y en cada una de sus partes.

Su presencia continúa –dura– mientras subsistan las especies eucarísticas.

Al sacramento de la Eucaristía se le debe rendir *culto de latría*, es decir, de la adoración reservada a Dios, tanto durante la celebración de la Santa Misa, como fuera de ella. La Iglesia conserva con la máxima diligencia las Hostias consagradas, las lleva a los enfermos y a otras personas imposibilitadas de asistir a la Santa Misa, las presenta a la solemne adoración de los fieles, las lleva en procesión e invita a la frecuente **Visita al Santísimo**, reservado en el **Sagrario**.

Es el **banquete pascual:** Cristo, realizando sacramentalmente su Pascua, nos entrega su Cuerpo y su Sangre, ofrecidos como comida y bebida, y nos une con Él y entre nosotros en su sacrificio.

El **altar** es el símbolo de Cristo mismo, presente como víctima sacrificial (altar-sacrificio de la Cruz), y como alimento celestial que se nos da a nosotros (altar-mesa eucarística).

La Iglesia establece que los fieles tienen **obligación** de participar de la Santa Misa todos los domingos y fiestas de precepto, y recomienda que se participe también en los demás días.

La Iglesia recomienda a los fieles que participan de la Santa Misa recibir también, con las debidas disposiciones, la sagrada Comunión, y establece la obligación de hacerlo al menos en Pascua.

Para recibir la sagrada Comunión se debe estar plenamente incorporado a la Iglesia católica y hallarse en gracia de Dios, es decir, sin conciencia de pecado mortal. Quien es consciente de haber cometido un pecado grave debe recibir el sacramento de la Reconciliación (Penitencia o Confesión) antes de acercarse a comulgar. Son también importantes el espíritu de recogimiento y de oración, la observancia del ayuno prescrito por la Iglesia y la actitud corporal (gestos, vestimenta), en señal de respeto a Cristo.

Los **frutos** de la sagrada Comunión son: Acrecienta nuestra unión con Cristo y con su Iglesia, conserva y renueva la vida de la gracia, recibida en el Bautismo y la Confirmación y nos hace crecer en el amor al prójimo. Nos fortalece en la caridad, nos perdona los pecados veniales y nos preserva de los pecados mortales para el futuro.

La Eucaristía es **prenda de la gloria futura** porque nos colma de toda gracia y bendición del cielo, nos fortalece en la peregrinación de nuestra vida terrena y nos hace desear la vida eterna, uniéndonos a Cristo sentado a la derecha del Padre, a la Iglesia del cielo, a la Santísima Virgen y a todos los santos[6].

* * *

Voy a tratar aquí de un aspecto muy concreto de este admirable Sacramento: *las visitas al Señor en el Sagrario*.

Al lado del «pozo sin fondo» que es la Eucaristía –*Presencia, Sacrificio, Comunión...*–, son estos, si quieres, aspectos parciales, «aledaños eucarísticos», si se puede hablar así.

---

[6] Cfr. *Catechismus Catolicae Ecclesiae* (en adelante CCE), nn. 1322-1419 y *Compendio*, nn. 271-294.

Aunque ya sabemos que en asuntos de amor no hay nimiedades. Piensa que todo lo que se refiere al *Mysterium fidei* es siempre muy importante. Además, como dice el Evangelio: *quien es fiel en lo poco, también lo es en lo mucho*[7]. Las cosas aparentemente pequeñas pueden encerrar una enorme grandeza a impulsos del Amor.

Es, pues, a impulsos del amor de Cristo como se puede entender el contenido de este libro.

Quiero hacerte ver, en definitiva, que las pequeñas cosas a que te invitan estas páginas –para que las consideres y hagas vida propia– están relacionadas con el *Misterio* profundo e insondable de la Santa Misa que la Iglesia desde siempre celebra en todas partes, cotidianamente, para todos los hombres.

Al escribir he pensado, especialmente, en tanta gente joven que, de una u otra manera, me oyeron decir de viva voz no solamente la doctrina, sino los ejemplos y anécdotas que ahora pongo por escrito...

---

[7] *Lc* 16, 10.

Quienes ahora lean estas páginas recordarán (como algunos me lo oyeron de palabra) que esta entrañable costumbre cristiana no es algo solo para personas «devotas» o «bueniñas», sino para hombres y mujeres muy normales, para gente de la calle, personas corrientes, recias y maduras que, con un poco de fe que tengan, entenderán lo que es el Sagrario y, sin sentirse raros ni desplazados del mundo –muy al contrario, metidos dentro de él–, sentirán en su deambular diario la necesidad de buscar a Jesús presente entre los hombres.

Lo que te pongo aquí es –en su mayor parte– enseñanza de un santo de nuestros días: San Josemaría Escrivá de Balaguer, que era un «amante apasionado de la Eucaristía». El centro de su vida interior era la Santa Misa. Su vida era su Misa. De ella sacaba todas las energías para su tarea de cada día. En ella ponía toda su alma y un gran esfuerzo mental y físico que revelaba la fe profunda y el amor con que vivía el Santo Sacrificio.

Y como consecuencia: *Su día entero era una misa*, ofrenda que unía a la que celebraba cada mañana en el altar. Todo él era *alma de Eucaristía* que sentía la atracción –como un imán– del Sagrario, al que se escapaba siempre que podía, movido por el enamoramiento que llenaba su vida. Con ese mismo amor vivía la costumbre –y el término es suyo– de «asaltar sagrarios»[8]; lo hacía, cuando divisaba un templo, aunque fuera de lejos, adoraba a Jesús Sacramentado acercándose con la imaginación, y agradeciendo al Señor su presencia eminente, culmen de su amor por nosotros.

En continuidad con esa fe viva en la presencia de Cristo en la Eucaristía propagó las devociones relacionadas con el culto al Santísimo Sacramento fuera de la Misa, como las bendiciones y exposiciones solemnes de la Eucaristía, las velas nocturnas de adoración eucarística, las Visitas al Santísimo, la Comunión espiritual, la oración mental ante el Sagrario...

Para que luches por imitarle, te remito a sus conocidas publicaciones, que vivamen-

---

[8] Cfr. *Camino*, 270 y 876.

te te recomiendo –que las leas y medites– y que las tengas como de cabecera: *Camino, Surco, Forja, Es Cristo que pasa, Amigos de Dios...*, libros que citaré de continuo. Y «—¡Sé alma de Eucaristía!

—Si el centro de tus pensamientos y esperanzas está en el Sagrario, hijo, ¡qué abundantes los frutos de santidad y de apostolado!»[9].

---

[9] *Forja*, 835.

CAPÍTULO PRELIMINAR

Creo que decidí redactar estas páginas al comprobar un día lo poco que les decía el Sagrario a varios jóvenes que vi cómo deambulaban –con un desenfado casi insultante– por el interior de un templo... Esto me recordó a aquel grupo de excursionistas, que, en actitud de curiosidad ansiosa por verlo todo –adoptando un cierto aire de viaje de estudios–, tal vez con capacidad de asombrarse ante cualquier imagen de pasta relamida, ignorando, en cambio, el valor de piedras y tallas artísticas centenarias, se acercó un día a una iglesia de mi pueblo, un hermoso templo ojival del periodo de transición del románico al gótico.

El cura que atendía la iglesia se encontraba en el pórtico. Uno del grupo le preguntó:

—¿Qué es lo que hay de más valor en esta iglesia? ¿Algo que sea digno de visitar?

El sacerdote que luego me contaría lo sucedido, sin vacilar ni dudarlo, les dijo:

—¡Vengan!

Y entró en la iglesia, seguido del grupo, que ya se felicitaba porque el mismo señor cura hiciese de cicerone.

—¡Vengan, vengan! –les dijo en voz muy baja–, vamos al altar mayor.

Entendieron muy bien. Cesaron de hablar, al menos del modo tan ostensible como lo venían haciendo. Al llegar al altar mayor, saludó con una genuflexión; todos, unos mejor y otros peor, también hicieron su genuflexión. Luego el párroco se arrodilló, y –medio volviéndose– les señaló el Sagrario:

—¡Aquí tienen! ¡Esto es lo de más valor que tenemos en la iglesia! ¡Aquí está el Señor!

Escondido en el pan

Los excursionistas tardaron unos segundos en reaccionar. Tal vez se preguntarían si se les estaba tomando el pelo. El caso es que se fueron arrodillando uno tras otro, y me imagino que, quien más quien menos, rezaría algo al Señor.

Sí, claro, luego les explicó –siempre en voz baja y respetuosa para con la casa de Dios– los otros valores artísticos del templo...

Por mi parte no tengo inconveniente en reconocer que fue una visita provechosa, ¿verdad? Junto a la lección de arte, aquellos turistas recibieron al mismo tiempo una sencilla y maravillosa lección de fe y de piedad. ¡Cuánto bien podemos hacer todos en este sentido!

¿Te animas tú a buscarle en ese *escondite* que es el Sagrario de nuestras iglesias? «Ahí lo tienes: es Rey de Reyes y Señor de Señores. —Está escondido en el Pan. Se humilló hasta estos extremos por amor a ti»[1].

De aquella visita turística, este buen sacerdote se sirvió para inculcarles el respeto y veneración ante lo sagrado, y para descubrirles que, ante todo, en un templo

---

[1] *Camino*, 538.

católico lo primero y a quien hay que dar la primacía es al Señor.

Una finura de amor

Cuando te encuentres cerca del Sagrario, piensa: ¡Ahí está Jesús! Y desde ahí te ve, te oye, te llama, ¡te ama! «Acude perseverantemente ante el Sagrario, de modo físico o con el corazón, para sentirte seguro, para sentirte sereno: pero también para sentirte amado..., ¡y para amar!»[2]. Y en tus idas y venidas –entre el tráfago y el tráfico– experimentarás positivamente el interrogante de *Camino*: «¿No te alegra si has descubierto en tu camino habitual por las calles de la urbe ¡otro Sagrario!?»[3].

Para un cristiano la visita a una iglesia no debería ser nunca ni exclusiva ni principalmente «artística». Primero, es el Señor de la casa; secundariamente, las muestras de arte que, con tanto cariño, generaciones de cristianos han dejado allí como señal de su amor y de su adoración.

---

[2] *Forja*, 837.

[3] *Camino*, 270.

La costumbre de los cristianos –tan recomendada hoy y siempre por la Iglesia– de visitar a Jesús en el Sagrario es *una finura de amor* que contrasta con la actitud irreverente que algunos –incluso personas que se dicen «muy creyentes»– adoptan ante el Santísimo Sacramento: incomprensión, «pasotismo», indiferencia...; aunque, a veces, posiblemente, solo sea falta de una mínima cultura religiosa.

Si nos fijamos, por ejemplo, en cómo se comportan los fieles que acuden, por los motivos que sea, a las iglesias, de su modo de proceder podemos deducir en buena medida el estado de fe de esas personas. Tal vez pudiera llegar a hacerse un estudio –vamos a llamarlo «psicotécnico»– sobre el modo de comportarse de los cristianos en sus visitas a los recintos sagrados.

Cultura eucarística

¿Quieres tener «cultura eucarística»?... ¡Presta atención!:

Es fácil encontrar por doquier expresivos vestigios de la fe de nuestros antepasados. Cuando hacemos un viaje y divisamos un pueblo, observamos que, por pequeño que sea, suele destacarse la iglesia entre las demás edificaciones. El campanario sobresaliente nos indica que allí está la casa de Dios. Vislumbrar, aunque sea de lejos, un templo es una magnífica ocasión para que el alma cristiana se llene de alegría y ejercite en ese momento la fe en Jesucristo y en su escondida y silenciosa presencia en la Eucaristía: «No seas tan ciego o tan atolondrado que dejes de meterte dentro de cada Sagrario cuando divises los muros o torres de las casas del Señor...»[4]. Es la hora de estar atentos y vivir orientados hacia aquel punto concreto, y para que nuestro entendimiento y nuestro corazón digan: *¡Ahí está el Señor!*

Y percibir esa presencia, y esa llamada, ¿cómo nos va a dejar indiferentes? «¿Cómo no habremos de acudir al Sagrario, cada día, aunque solo sea por unos minutos, para llevarle nuestro saludo y nuestro amor de hijos y de hermanos?»[5].

---

[4] *Ibid.*, 269.

[5] *Surco*, 686.

Es el mismo san Juan Pablo II quien nos lo dice, con su doctrina y con el ejemplo constante de su vida: «La Visita al Santísimo es un gran tesoro de la fe católica... Y cada señal de la cruz o gesto de respeto que hacéis al pasar ante una iglesia, es también un acto de fe»[6].

Y de la cabeza y del corazón –incluso de la misma boca– surgirá un pensamiento, unos afectos, unas palabras de cariño hacia aquella presencia en la que el Señor de cielo y tierra, Jesús, nuestro Salvador, es para nosotros, Rey, Médico, Maestro, Amigo...[7].

---

[6] Cfr. San JUAN PABLO II, *Heraldo de la Paz*, Ed. BAC (Madrid 1979), pp. 21 y 22.

[7] Cfr. *Es Cristo que pasa*, n. 92 ss.

NOS ESPERA

Ante la Eucaristía se puede decir, en efecto, con toda propiedad: Dios está aquí. Y ante este *Misterio de fe*, no cabe otra actitud y otra postura que el respeto y el asombro, que dejará paso a la adoración, al agradecimiento, al amor.

La Sagrada Escritura nos invita, repetidamente, a tener presente esta actitud de respeto y de adoración: El recinto santo es por sí mismo un lugar sagrado, casa de Dios y puerta del Cielo, *Domus Dei et porta caeli..., aula Dei*[1], morada de Dios: *Te adoraré en tu santo templo y alabaré*

---

[1] *Gn* 28, 17.

tu nombre[2]. Lugar destinado a la oración: *Mi casa será llamada casa de oración*[3].

Además, el templo material representa grandes misterios: construido con piedras escogidas y labradas, es símbolo del templo espiritual que los cristianos en gracia componen en la tierra, en quienes mora el Espíritu Santo[4]; también simboliza el que forman en el Cielo los bienaventurados, la Jerusalén celestial; y, en un sentido más elevado aún, simboliza la Humanidad santísima de Jesucristo, *templo vivo de la divinidad*[5], que quedó asumida por el Verbo en virtud de la unión hipostática.

Así se explica que los templos construidos a lo largo de la historia de la Iglesia –muchos de ellos jalonan la historia del arte– eran, para la fe que los movía, no tan solo meros detalles. Ordinariamente se reservaba más esplendor para dentro que

---

[2] *Sal* 137, 2.

[3] *Mt* 21, 13.

[4] Cfr. *1 Co* 3, 16-17; 6, 9.

[5] Cfr. *Jn* 2, 19-22.

para fuera, y el arte se hacía primor de piedra o de oro cuando llegaba al Sagrario.

Buscar Sagrarios

Hoy –parece que cada vez más–, las iglesias son menos ostensibles que en otras épocas. Al confundirse con otras edificaciones, falta ya en muchos lugares el reclamo externo de la presencia visible del templo. Sobre todo, en las ciudades es fácil pasar sin darse cuenta ante el Señor presente en ese Sagrario, tal vez solitario, o casi ignorado, de tantas iglesias, capillas, oratorios...

Así –en la mitad del siglo xx– enseñaba a los niños la presencia sacramental del Señor un gran catequista:

«Queridos niños, todos los días y a estas horas estáis corriendo las calles donde se va deslizando la corriente de vuestra vida. Ahí vive el alcalde, que empuña la vara de la autoridad...; allí, el médico, que cura las enfermedades de los cuerpos; más allá el cura, que debe atender a los males del alma. Aquella casa es la farmacia..., aquella otra la escuela, la de más allá la cárcel.

»Yo os detengo unos momentos y os digo: ¿Veis esa casa grande que se eleva sobre todas las demás y que tiene un campanario cuya torre se levanta hacia el cielo... Es la *iglesia*. Ahí vive el Rey de los Reyes, ahí tiene su morada el Dios de cielos y tierra..., ahí tiene su trono el Creador de todo el universo. El Hijo de la Virgen, Nuestro Señor Jesucristo, vive ahí.

»Entrad con respeto, acercaos con devoción... Arrimaos al altar. ¿Veis allí..., aquel Sagrario? Allí dentro hay un copón. Dentro de aquel copón hay unas hostias blancas sobre las cuales el sacerdote, en nombre de Dios, ha pronunciado unas palabras omnipotentes. Dijo Dios: *Hágase el mundo*. Y se hizo el mundo. Y dijo el sacerdote, en nombre de Dios: *Esto es mi cuerpo, esto es mi sangre, el Cuerpo de Cristo, la Sangre de Cristo*. Y aquello que era un poquito de pan ha dejado de ser pan. ¡Es Cristo! El mismo que la Virgen llevó nueve meses en sus purísimas entrañas, el mismo que nació en el portal de Belén, el mismo que murió en la cruz, el mismo que ahora está en lo más alto de los cielos..., el que un día ha de venir a juzgar a los vivos y a los muertos, ¡el mismo!

»Yo quisiera que dedicarais unos momentos a pensar en este *Vecino divino*, el más grande, el más poderoso, el más amante, el más sabio, el más rico, el que más os ama...

»Y, sin embargo, ¡qué poco pensáis en Él!»[6].

Hemos de fomentar la creencia –la fe– de que Jesús se ha hecho vecino nuestro. Hay que vencer la inercia o vergüenza de no visitarle, y adquirir la costumbre de acudir al Sagrario de nuestras iglesias a «saludarle» y estar con Él... Sobre esto recuerdo la anécdota que contaba el cardenal Ratzinger –luego Benedicto XVI– que le ocurrió a un amigo suyo en una gran urbe:

Un día salía de su domicilio y en la calle se encontró con un vecino de su mismo bloque, y le saludó cordialmente:

—¡Hola! ¡Buenos días!

---

[6] RAMÓN SARABIA, *Pláticas y ejemplos* (Madrid 1959), pp. 746-748.

El vecino lo miró sorprendido y solamente le dijo:

—¡Usted se equivoca!...

Allí donde los hombres no son más que masa, incluso el saludo se convierte en un error... ¡Cuántos que viven en nuestras ciudades están en soledad!... Aislados, abandonados, inconexos, solos... Eso suele pasar cuando la mayor parte que habita en esos grandes bloques ni se saludan.

Los cristianos tenemos ahí una preciosa tarea: humanizar un tanto este mundo nuestro, fomentar la amistad, el trato, el afecto y el cariño con nuestros vecinos y entre ellos. ¡Eso es ya un gran apostolado!

No olvidemos que Jesús empezó su apostolado rodeándose de amigos. Ese ha sido como el primer paso en su labor. Y Él mismo, ahora, desde el Sagrario más cercano no quiere ser «el Gran solitario», y nos dice –sin ruido de palabras– que quiere ser nuestro amigo...

Un potente imán

Quiero señalar, también de esta manera, que estamos rodeados por la presencia sacramental del Señor, ¡y es una lástima que a veces no nos demos cuenta de esta realidad maravillosa! De ahí que debamos tratar de ser menos insensibles, menos indiferentes, para ir adquiriendo el hábito de orientarnos hacia los Sagrarios, de buscarlos, para poder después frecuentarlos.

«La frecuencia con la que visitamos al Señor está en función de dos factores: fe y corazón; ver la verdad y amarla»[7].

Para el alma cristiana, el Sagrario tiene que ser como un potente imán que le atrae hacia sí... Y, ante tal fuerza de atracción, que además es eminentemente amorosa, no se obra bien cuando no se ponen los medios adecuados para que se produzca el encuentro... En las relaciones humanas se cuida mucho el trato entre las personas; muchas veces he podido ser testigo de cómo en la familia militar –continuamente– se está pendiente de los saludos, como se dice en *Surco:* «¿Has visto la escena? –Un sargento cualquiera o un alferecillo con poco mando...; de frente se acerca un

---

[7] *Surco*, 818.

recluta bien plantado, de incomparables mejores condiciones que los oficiales, y no falta el saludo, ni la contestación.

«Medita en el contraste. –Desde el Sagrario de esa iglesia, Cristo –perfecto Dios, perfecto Hombre– que ha muerto por ti en la Cruz, y que te da todos los bienes que necesitas..., se te acerca. Y tú pasas sin fijarte»[8]. ¡Qué desfachatez!, nos podrían fácilmente decir: ¿Es que no puedes afinar el trato...?

«Cuando te acercas al Sagrario, piensa que ¡Él!... te espera desde hace veinte siglos»[9]; ¡y menuda espera la suya!

Nunca debemos olvidar que nuestro cariño para con el Señor no ha de ser solamente «espiritual». Jesús es perfecto Dios, pero es también Hombre, Hombre perfecto, y el amor hacia Él debe tener delicadezas y detalles humanos.

Allí Él nos espera... Espera que nos acerquemos, que nos encontremos con Él, ¡que nos identifiquemos con Él! «Jesús se

---

[8] *Ibíd.*, 687.

[9] *Camino*, 537.

esconde en el Santísimo Sacramento del altar, para que nos atrevamos a tratarle, para ser el sustento nuestro, con el fin de que nos hagamos una sola cosa con Él... Se ha quedado entre nosotros con una disponibilidad total»[10].

¡Ojalá aprendiésemos a amar más delicadamente a Jesús Sacramentado!

Un corazón viviente

Decía que, por su aspecto exterior, en ocasiones, no es fácil distinguir hoy algunos templos de otras edificaciones. Pero, por desgracia, esto también ocurre con no pocos en su aspecto interior. Hay iglesias tan mal cuidadas, acondicionadas con tan poco gusto artístico –tal vez debido más a la escasez de cariño que a la falta de medios económicos–, que es muy poco lo que pueden ayudar a la piedad de los fieles. Dejó escrito el santo Fundador del Opus Dei: «El Señor está muy contento, porque le tratáis con amor, cuidando con esmero y delicadeza las cosas del culto». Hay

---

[10] *Es Cristo que pasa*, n. 153.

que amarlo con obras, obras de amor. Y lo son –además de pasar buenos ratos con Él– poner cariño en el cuidado material de todo lo que se refiere a la Eucaristía: limpieza, pulcritud, brillantez, gusto artístico, orden, piedad... Ya en los años iniciales escribía san Josemaría: «Pienso que a las personas que ponen amor en todo lo que se refiere al culto, que hacen que las iglesias estén digna y decorosamente conservadas y limpias, los altares resplandecientes, los ornamentos sagrados pulcros y cuidados, Dios las mirará con especial cariño y les pasará más fácilmente por alto sus flaquezas, porque demuestran en esos detalles que creen y aman»[11].

El desamor pudiera manifestarse no solo en la ausencia de gusto estético, sino también en la falta de limpieza y en la inadecuada conservación de la dignidad del templo. A veces, incluso, se destina al culto cualquier local hasta el punto de parecer en ocasiones algo semejante a garajes, lo que tal vez –inevitablemente– lleva a

---

[11] SALVADOR BERNAL, *Apuntes sobre la vida del Fundador del Opus Dei, p.309* e *Instrucción*, 9-I-1935, nota 167.

que muchos fieles pierdan el sentido del respeto al lugar sagrado. Sé de templos en los que se precisa buscar el Sagrario por una u otra dependencia... Al no dársele la primacía –algunos lo ocultan como suele hacerse con las cajas de caudales–, se esconde y se difumina también así en los fieles el sentido de la presencia eucarística de Jesús, y consiguientemente se deja de ofrecerle culto y de visitarle.

Es tradición de siglos –de siempre– que el Sagrario esté situado en el mejor sitio del templo, visible desde todas partes y presidiéndolo todo. Debe estar: «... colocado en un lugar particularmente digno de la iglesia; ... construido de tal forma que subraye y manifieste la verdad de la presencia real de Cristo en el Santo Sacramento»[12]; «... con el máximo honor, para que atraiga la atención de los fieles, el respeto profundo, la adoración y el amor a Cristo realmente presente»[13]; «... colocado en un lugar destacado y a la vez recogido,

---

[12] CCE, n. 1379.

[13] SAN PABLO VI, Enc. *Mysterium fidei.*

para que los cristianos puedan honrar al Santísimo Sacramento también con culto privado»[14].

En el Credo del Pueblo de Dios, san Pablo VI llamó al Sagrario: «corazón viviente de nuestros templos». Allí está Cristo vivo tal como existe –glorioso y triunfante– en el Cielo. Si se esconde, es, precisamente, para que avivemos más nuestra fe, y no dejemos de buscarle a través del amor. Es, ante todo, la mirada de fe del creyente quien capta el encubrimiento del Señor, como expresó el clásico:

Aunque más te disfraces,
Galán divino,
en lo mucho que has dado
te han conocido...[15].

Cuando entres en ese amoroso «juego del escondite», podrás recorrer esos como cuatro escalones: «Buscarle, encontrarle, tratarle, amarle. Quizá comprendéis que estáis como en la primera etapa. Buscadlo con hambre... Si obráis con este empeño,

---

[14] Instr. *Eucharisticum Mysterium*, 53.

[15] J. VALDIVIELSO, *Letra al Santísimo Sacramento*.

me atrevo a garantizar que ya lo habéis encontrado, y que habéis comenzado a tratarlo y amarlo»[16].

Siempre estamos expuestos a caer en la tentación de considerar la Eucaristía como una «cosa», algo valioso y cargado de misterio, pero al fin y al cabo «cosa».

Una de las maneras más claras de alienación de la persona es *cosificarla*, convertirla o considerarla como simple objeto. Esto es lo que nos puede pasar a nosotros con el Señor: que nos comportemos ante el *Mysterium fidei*, no como ante la Persona del Verbo que asumió nuestra naturaleza humana, sino como ante un «objeto sagrado». No podemos olvidar que hay apariencias que engañan..., y que en la Eucaristía bajo la apariencia de pan y de vino está Jesucristo real y sustancialmente presente.

¡Qué abajamiento el suyo! ¡Qué profundo silencio de Dios! Está escondido, oculto, callado... «Humildad de Jesús: en Belén, en Nazaret, en el Calvario... Pero

---

[16] *Amigos de Dios*, 300.

más humillación y más anonadamiento en la Hostia Santísima: más que en el establo, y que en Nazaret y que en la Cruz.

Por eso, ¡qué obligado estoy a amar la Misa! `Nuestra´ Misa, Jesús...»[17]. Ante la presencia eucarística, podemos entender un tanto los largos años de la *vida oculta* del Señor: «... ¡aquí a su estilo, el poder de Cristo –que es el de Belén, el de Nazaret, el del Calvario– esconde las más grandes realidades bajo las apariencias más humildes y, precisamente por esto, más accesibles a todos!»[18].

¡Tratádmelo bien!

¡Qué actitudes más diversas ante su persona! ¡A todos viene a llamar el Señor! Se pone a la vera del camino, se mete entre las gentes, se hace el encontradizo, y unos creen en Él, confiesan su fe, acuden a su misericordia, a su compasión y a su perdón...; pero otros lo esquivan, no se enteran de que Dios está con ellos...; metido

---

[17] *Camino*, 533.
[18] SAN PABLO VI, *Homilía*, 5-VI-1969.

entre la multitud, habrá alguno que le dé algún «codazo», o lo empuje, o lo trate desabridamente o con indiferencia...

Hoy como ayer: también nosotros estamos expuestos a tratarlo mal. Este es el gran peligro que tenemos los hombres: «acostumbrarnos a Dios». ¡Se nos ha acercado tanto! «¡"Tratádmelo bien, tratádmelo bien!", decía entre lágrimas, un anciano Prelado a los nuevos sacerdotes que acababa de ordenar.

—¡Señor!: ¡Quién me diera voces y autoridad para clamar de este modo al oído y al corazón de muchos cristianos, de muchos!»[19]. Hemos de tratar bien a Jesucristo, que por amor se quedó en la tierra reservado en el Tabernáculo, para ser *Panis filiorum*, el Pan de los hijos.

Para redimirnos y hacerse todo por nosotros, no escamoteó nada. Su amor siempre está concretado en obras y rubricado por la entrega de su vida hasta la última gota de sangre. Sufrió desprecios, vejaciones, persecuciones, abandonos e ingratitu-

---

[19] *Camino*, 531.

des en su deambular terreno, que tuvieron su culminación en la pasión y en la cruz. Así: *nos amó hasta el extremo*[20], *no nos llamó siervos, sino amigos*[21], y atestiguó: *nadie tiene amor más grande que aquel que da la vida por los suyos*[22].

En los momentos trascendentales de la Última Cena y de la muerte en la Cruz, Cristo *instituye* ese modo nuevo dc quedarse y ofrecerse en sacrificio al Padre: se entregó a Dios Padre de una vez para siempre, y quiere repetidamente entregársenos para que llegue a nosotros la salvación que es Él mismo.

Es la entrega de un Dios que no pudiendo contener el fuego de amor en que se consume, «inventa» esa maravilla de amor y esa «presencia de las presencias» que es la Eucaristía.

«Bien sabemos todos que no es única la manera como Cristo está presente en

---

[20] *Jn* 13, 1.

[21] *Jn* 15, 15.

[22] *Jn* 15, 13.

su Iglesia»[23]; está presente en la Iglesia orante, está Él en su Iglesia que ejerce las obras de misericordia, en la Iglesia peregrina. De otra forma, en su Iglesia que predica, o en la que rige y gobierna al Pueblo de Dios, o cuando se administra los Sacramentos... Pero es muy otro el modo, verdaderamente sublime, con el cual Cristo está presente en el sacramento de la Eucaristía, ya que contiene al mismo Cristo, y las demás presencias dicen relación a ella como «principio del que dimanan»; la Eucaristía es «como la perfección de la vida espiritual y el fin de todos los Sacramentos»[24].

Nos ve y nos oye

Una de las diferencias que hay entre la Eucaristía y los demás Sacramentos es que los demás *se hacen* cuando se administran; mientras que aquí, se consagra, permanece y sirve de alimento cuando llega la oportunidad o la necesidad. «La presencia euca-

---

[23] Cfr. SAN PABLO VI, Enc. *Mysterium fidei*. CONC. VATICANO II, Const. *Concilium Sacrosanctum*, 7, CCE n. 1373.

[24] SANTO TOMÁS DE AQUINO, *Summa Theologiae*, III, q. 73, a. 3c.

rística de Cristo comienza en el momento de la consagración, y dura todo el tiempo que subsistan las especies eucarísticas»[25].

«Cristo permanece; y así se justifica, mejor dicho, se exige un culto especialísimo de la Eucaristía aun fuera de la Misa, como la fe y la piedad de la Iglesia lo ha profesado siempre»[26]. Al poder ser conservada, la Eucaristía puede y debe ser adorada: «a nadie le es lícito dudar de que todos los fieles cristianos, según costumbre recibida siempre en la Iglesia católica, muestren su veneración a este Santísimo Sacramento con el *culto de latría* que se debe al verdadero Dios. No menos por ello se ha de adorar lo que Cristo instituyó para que fuera consumida»[27].

A este Jesús, entregado por nosotros y realmente presente, es a quien debemos unirnos espiritualmente en cualquier momento, y sacramentalmente siempre que

---

[25] Cfr. CCE, n. 137.

[26] SAN PABLO VI, *Audiencia general*, 31-V-1972.

[27] *Eucaristicum Mysterium*, n. 3 f; Decreto *La Comunión y el Culto Eucarístico fuera de la Misa*, n. 3, 23-VI-1973.

comulguemos, sabiendo que desde el Sagrario –y sé que lo repito– nos ve y nos oye.

Cuenta André Frossard cómo descubrió un buen día, entre los muros de una capilla, hendida de repente por la luz, el amor desconocido por el que se ama y se respira: «¡Dios mío! Entro en tus iglesias desiertas... Nunca se ve a nadie en este lugar tranquilo... Veo a lo lejos vacilar en la penumbra la lamparilla de tus Sagrarios y recuerdo mi alegría...»[28].

Este gran convertido, luego especial amigo de san Juan Pablo II, rememoró –con gratitud– que aprendió ante un Sagrario que el hombre no está solo, que una invisible presencia le atraviesa, le rodea y le espera; y que más allá de los sentidos y de la imaginación existe otro mundo...

Llama a nuestra puerta

Así como al mirar a lo alto contemplamos las estrellas, nos animaba san

---

[28] ANDRÉ FROSSARD, *¿Hay otro mundo?*, Ed. Rialp, Madrid, p. 11.

Pablo VI: «Hemos de poner esfuerzo en descubrir el maravilloso misterio de los innumerables Tabernáculos que forman constelaciones de luz visibles solo a los Ángeles y a los creyentes cubriendo la faz de la tierra»[29].

Es una lástima que se nos pase esta realidad maravillosa. ¡Hagamos por adquirir el hábito de orientarnos hacia los Sagrarios! ¡Vayamos hacia Él con diligencia!

Si pasas cerca, aunque lleves prisa, no dejes de entrar a saludarle: «Asoma muchas veces la cabeza al oratorio, para decirle a Jesús: ... me abandono en tus brazos.

—Deja a sus pies lo que tienes: ¡tus miserias!

—De este modo, a pesar de la turbamulta de cosas que llevas detrás de ti, nunca me perderás la paz»[30].

Recuerdo a aquellos novios jóvenes, que se querían de veras. Él, por su trabajo, tenía que estar mucho en la calle. Ella

---

[29] SAN PABLO VI, *Homilía*, 11-VI-1965.

[30] *Forja*, 306.

trabajaba cerca del lugar por donde él debía pasar... Pues caminaba dos manzanas más, no solo para pasar más cerca de donde ella estaba, sino para buscar ocasión de verla y saludarla de alguna manera, aun cuando fuese a distancia.

¿Pequeñeces?, ¿tonterías? Son cosas que solamente entienden los enamorados.

Desde el Sagrario, a cada uno de nosotros también nos espera Jesús:

El Señor nos llama a todos. Se hace presente para atraernos: *Él está ahí y te llama, le dijo en voz baja Marta a su hermana María*[31]. Si «el Evangelio es el mismo, ayer, ahora y siempre», con voz más baja aún, sin ruido de palabras, desde el Sagrario, ahora, llama a todos... Nos lo dice en la Escritura:

Mira, estoy de pie a la puerta y llamo. Si alguien escucha mi voz y abre la puerta, entraré en su casa y cenaré con él y él conmigo[32]...

---

[31] *Jn* 11, 28.

[32] *Ap* 3, 20.

A lo que –en poesía maravillosa– responde el poeta:

¿Qué tengo yo, que mi amistad procuras?
¿Qué interés se te sigue, Jesús mío,
que a mi puerta, cubierto de rocío,
pasas las noches del invierno oscuras?
¡Oh, cuánto fueron mis entrañas duras,
pues no te abrí!; ¡qué extraño desvarío,
si de mi ingratitud el hielo frío
secó las llagas de tus plantas puras!
¡Cuántas veces el ángel me decía:
«Alma, asómate ahora a la ventana,
verás con cuánto amor llamar porfía»!
¡Y cuántas, hermosura soberana:
«Mañana le abriremos», respondía,
para lo mismo responder mañana![33].

En este insuperable soneto, Lope de Vega, el *Fénix de los ingenios,* se siente indigno de la amistad con Jesús; pero Él persevera en llamar y esperar al ser humano. Jesús quiere atrapar nuestra atención, nos amonesta... y no cesa de llamar a nuestra

---

[33] LOPE DE VEGA, *Rimas sacras.* Soneto 18.

puerta, porfía en dar aldabonazos y esperarnos... ¡Siempre está rondando nuestro portal para ofrecernos su amistad!

Esta imagen de Cristo llamando a la puerta es –sin duda– una de las más bellas y enternecedoras de la Biblia. La evoca también, llena de ternura, la antigua canción de cuna-villancico: *Madre, en la puerta hay un Niño, más hermoso que el sol bello, diciendo que tiene frío...*, que se conserva, con diferentes tonalidades y adaptaciones, en varias regiones españolas; alguna, incluso, lo convierte en un «Romance del Niño perdido». Villancico este que tanto gustaba a san Josemaría, ya que su madre, doña Dolores, desde muy pequeño lo acunaba cantándoselo[34].

---

[34] Cfr. www.opusdei.org "*Madre, en la puerta hay un niño*", un villancico que gustaba a san Josemaría.

APRENDER LA URBANIDAD
DE LA PIEDAD

En cada Tabernáculo se podría poner un rótulo: *Dios está aquí*.

Para estar a nuestro lado se ha quedado bajo esa forma humilde: aun conociendo la ingratitud y la dureza de corazón de los hombres; aun sabiendo las profanaciones de que sería objeto; previendo la soledad de tantos Sagrarios.

Recuerdo al llamado «Obispo del Sagrario abandonado» –hoy san Manuel González–, otro «chiflado» de la Eucaristía al que trató san Josemaría; en las publicaciones de ambos se encuentran expresiones parecidas. Decía el santo obispo: «Permitidme que, yo que invoco muchas veces la solicitud de vuestra caridad con los niños

pobres y de todos los pobres abandonados, invoque hoy vuestra atención y vuestra cooperación en favor del más abandonado de todos los pobres: el Santísimo
Sacramento. Os pido una limosna de cariño para Jesucristo Sacramentado...

No dejes solo a Jesús, anda a verlo.
Es un prisionero de amor, en espera de
nuestro afecto y compañía»[1]. Sus restos
mortales –como haciendo vela, pues ese
fue su deseo– reposan ante el Sagrario de
la capilla del Santísimo de la catedral de
Palencia.

Saber entrar

¡Si valorásemos lo ingratos que somos
cuando no correspondemos a esa locura de Amor que es la Eucaristía! ¡Cuánto desamor y frialdad hay en el trato de
los cristianos con Jesús en el Sagrario!
¡Cuánta indiferencia!

---

[1] Cfr. JESÚS AZCÁRATE FAJARNÉS, *El Sagrario abandonado.
San Manuel González* (1877-1940), Dbolsillo, 870.

Me encontraba un día en la puerta de la iglesia, y se me acercó un pequeñajo resabido:

—¿Vas a dar Misa?

—No, ahora no hay Misa –le digo.

—¿Y entonces por qué están las puertas abiertas si no hay Misa?

Es una de esas preguntas que suelen hacer los pequeños cuando están en la edad de inquirir el porqué de todo. Menos mal que vencí el primer momento de perplejidad, y le dije:

—La iglesia se abre porque está Jesús dentro, para que quienes lo deseen puedan entrar a visitarlo.

—¿Y yo puedo entrar? –dice él.

—¿Sabes entrar?

—No. ¿Cómo se entra? ¿Qué tengo que hacer?

Creo que en aquellos momentos se me vino a la cabeza aquello de *Camino:* «Hay una urbanidad de la piedad. —Apréndela. —Dan pena esos hombres "piadosos", que no saben asistir a Misa –aunque la oigan a diario– ni santiguarse –hacen unos raros garabatos, llenos de precipitación–, ni hincar la rodilla ante el Sagrario –sus genuflexiones ridículas parecen una burla– ni inclinar reverentemente la cabeza ante una imagen de la Señora»[2].

Le dije al niño que me preguntó si iba a dar Misa, que, si entraba, era para visitar a Jesús, que estaba oculto y esperándole en el Sagrario. Y aproveché para hacerle ver que –aun sin Misa– la iglesia, el templo, es un lugar sagrado, reservado y consagrado a Dios. Es el lugar en que, sobre todo, nos encontramos con Dios Humanado. Aquí está Jesús en el Sagrario con un realismo tal, solo comparable a como está ahora en el Cielo: con su mismo Cuerpo, Sangre, Alma y Divinidad. ¿Es tan arduo enseñar esto?, ¡que entrar en una iglesia es –ante todo– para estar con Jesús!

Da pena ver que a veces hay iglesias en las que Jesús está dentro, y que solo se abren de cuando en cuando. El diálogo con este pequeño me hizo reflexionar en el interés con que urge nuestra Santa Madre Iglesia: «Cuiden los pastores de que todas

---

[2] *Camino,* 541.

las iglesias y oratorios públicos en que se guarda la Santísima Eucaristía estén abiertos, durante bastantes horas de la mañana y de la tarde –las horas más oportunas del día–, para que los fieles puedan fácilmente orar ante el Santísimo Sacramento»[3].

Realmente da lástima ver cómo entran algunos en nuestros templos. Se les puede aplicar a la letra el dicho: «están como un perro en Misa». No saben qué hacer..., ¡qué indecisos! Si les suena algo el Santísimo, hacen una caricatura ridícula de genuflexión y de señal de la cruz, ignoran el Sagrario... Miran y miran y no ven...

Hay otros –pienso en esos bullicios que suelen armarse con ocasión de bodas, bautizos o visitas culturales o turísticas– que por ese *laissez faire* –¡hay que dejar hacer!– permisivo, parece que toman la iglesia como una sala de fiestas. ¿Hay que consentir esas actitudes que rayan en la profanación? ¿Es tan difícil crear una *pastoral* de respeto, silencio, piedad, devoción?

---

[3] Cfr. *Eucaristicum Mysterium*, n. 51 y *La Comunión y el Culto Eucarístico*, o.c., y CIC, can. 937 y 938.

Respeto, silencio, oración

En una ocasión me encontraba rezando en una iglesia cuando entró un grupo de excursionistas; parecía una invasión, ¡qué ruido armaban! Me levanté con decisión, y con cara de enfadado les dije: —¡No sé si ustedes son católicos o no, lo que sí sé es que, si entrasen en un templo budista o musulmán, entrarían con otro respeto y comportamiento! Aún recuerdo la cara de asombro que pusieron, y también lo bien que les sentó. Al menos, guardaron el mínimo respeto que requiere el lugar sagrado.

Una de las primeras cosas que todo cristiano debiera aprender es: *saber entrar.*

• Debe saber: que desde que pasa el pórtico –o la puerta– entra en un lugar santo. Por tanto, debe adoptar en el porte una actitud de respeto, de silencio y de atención, «... para levantar la mente en recogimiento e intimidad al Cielo, con el convencimiento de que Jesucristo nos ve, nos oye, nos espera y nos preside desde el Tabernáculo, donde está realmente presente escondido en las especies sacramentales»[4].

• Debe saber: si Jesús está en el Sagrario o si no está reservado. La presencia de las Especies sacramentales –del Pan de vida– suele señalarse especialmente con la lamparilla de aceite o de cera[5], que constantemente arde cerca del Tabernáculo como manifestación de amor y adoración a Jesucristo realmente presente; al tiempo, es señal que nos indica su presencia en el Sagrario, que es como la «piedra angular» o «clave de bóveda» de todo lo que contiene el templo.

• Debe saber: que hacia allí deben dirigirse los primeros afectos, y que, aunque Jesús no esté reservado en el Sagrario –al estar restringido el culto, por ejemplo, en ese recinto–, la iglesia sigue siendo un lugar dedicado a Dios. Es en su ámbito más que en ninguna otra parte donde el cristiano puede sentirse más próximo a Cristo. El altar simboliza a Cristo, y las imágenes

---

[4] *Amigos de Dios*, 249.

[5] *Eucharisticum Mysterium*, n. 57.

son también motivo de veneración, pues son representaciones sensibles del Señor, de la Virgen o de los Santos, que están allí para suscitar nuestra devoción y para movernos a tenerlos como intercesores nuestros ante Dios.

• Debe saber: que se entra en el templo acudiendo primero a la pila del agua bendita, para santiguarse con los dedos índice y medio de la mano derecha. Es una antiquísima costumbre que en algunas partes casi se está olvidando. El *agua bendita* es un importante *sacramental.* Los *sacramentales* son signos sagrados, por los que, a imitación en cierto modo de los Sacramentos, se significan y se obtienen por intercesión de la Iglesia unos efectos principalmente espirituales. «Por ellos los hombres se disponen a recibir el efecto principal de los Sacramentos y se santifican las diversas circunstancias de la vida»[6]. Aunque no confieren la gracia, disponen a ella indirectamente. Sirven al culto para tutelar contra los influjos del demonio y para el

---

[6] CONCIL. VATIC. II, *Sacrosanctum Concilium*, n. 60.

incremento y bien espiritual y material de los fieles.

El *agua bendita* es uno de los sacramentales de la Iglesia, se emplea en bastantes ocasiones en los actos litúrgicos y extralitúrgicos, sobre todo por su acción purificadora en fuerza de las oraciones de la Iglesia contra posibles influencias del demonio. Los escritores eclesiásticos han puesto de relieve su importancia y han recomendado su uso, aun privado, para lograr un mayor aprovechamiento espiritual[7]. Usada al entrar en la iglesia con fe y con piedad, el agua bendita ayuda a hacer un acto de contrición purificándonos de nuestras faltas veniales para acceder mejor dispuestos al recinto sagrado.

• Debe saber: que, antes de hacer otra cosa, se debe acudir –o al menos orientarse– hacia donde está el Sagrario, y se saludará al Señor con una genuflexión bien hecha: se debe tocar lentamente con la rodilla derecha el suelo, al tiempo que se mira al Sagrario diciéndole algo al Se-

---

[7] Cfr. *Gran Enciclopedia Rialp* -GER-, t. 20, pp. 617-619.

ñor, y sobre todo adorándolo. Hay quien suele decir: *Adoro te devote, latens deitas* –Te adoro con devoción, Dios escondido–. Externamente la diferencia entre una genuflexión bien hecha y una genuflexión apenas esbozada es mínima; pero en esa diferencia está *la grandeza del detalle.*

Enseña la doctrina de la Iglesia: «Nadie debe dudar que los cristianos tributan a este Santísimo Sacramento, al venerarlo, el culto de latría que se debe al Dios verdadero, según la costumbre siempre aceptada en la Iglesia católica. Porque no debe dejar de ser adorado por el hecho de haber sido instituido por Cristo, el Señor, para ser comido»[8].

Los cristianos deberíamos experimentar –y si es a solas, tanto mejor– la adoración al Santísimo..., y su trato íntimo y personal visitándolo en el Sagrario; para, así, crear mejores disposiciones para recibir la sagrada comunión.

Recuerdo lo que narra, en su autobiografía *Estrellas amarillas*, Edith Stein –hoy

---

[8] *Eucharisticum Mysterium*, n. 47.

santa Teresa Benedicta de la Cruz, una de las patronas de Europa–; hace ver cómo pasó de su agnosticismo judío y de sus prejuicios racionalistas a encontrar la fe cristiana... Un primer paso fue el trato con sus colegas conversos Reinach y Max Scheler; pero lo que realmente la impactó, fue un día de paseo con una amiga en que entraron en la vieja catedral de Frankfurt... Allí, envueltas en aquel silencio, vieron que entraba una mujer con la bolsa del mercado y se arrodillaba en profundo recogimiento...:

«Esto fue para mí algo totalmente nuevo. En las sinagogas y en las iglesias protestantes que yo conocía se iba solamente para los oficios religiosos. Aquí, en cambio, cualquiera en medio de su trabajo se acercaba a la iglesia vacía para un diálogo confidencial. Esto no lo he podido olvidar»[9].

Aunque lo que definitivamente la convirtió fue la gracia «tumbativa» que recibió al leer la vida de santa Teresa de

---

[9] EDITH STEIN, *Estrellas amarillas*, p. 370.

Jesús... Y ya nunca descuidó el impacto interior de «estar a solas» con Jesús ante el Sagrario...

¡Atrévete también tú a entrar, y estar a solas con tu Dios y Señor!

Saber estar

Sí, ya estás de rodillas y en actitud de reverencia y presencia de Dios. ¿Qué tienes que hacer ahora? Una cosa muy grande y muy sublime: rezar; es decir, hablar con Dios, estar con Él, comenzar a tratarlo...; y dejar que tu corazón le diga palabras y jaculatorias de amor, y pedirle las gracias que necesitas para conservarte en la gracia divina, y ser generoso con tu vocación, y entregarte más de lleno a lo que veas que allí se te pide...; y vencer las tentaciones, y evitar los peligros, y llegar finalmente, sin naufragar, al puerto de la salvación eterna.

La Eucaristía es la suprema manifestación de estas palabras: *Son mis delicias estar con los hijos de los hombres*[10]; aquí,

---

[10] *Pro* 8, 31.

quiere acercársenos el Señor de este modo admirable; aquí, «el Hijo del hombre» mora permanentemente entre los suyos: *Yo mismo estaré continuamente con vosotros hasta la consumación de los siglos*[11]. Esta promesa del Señor se cumple a la letra: Está ahí en la Hostia Santa, ¡hecho holocausto por amor!

En presencia de nuestro Señor Jesucristo, hemos de disfrutar de su trato íntimo. Podemos abrirle nuestro corazón, pidiéndole por nosotros mismos y por las necesidades que encontramos a nuestro alrededor. Podemos unirnos al ofrecimiento que –de continuo– Jesucristo hace de su vida al Padre en el Espíritu Santo, y sacar de este trato aumento de fe, de esperanza y de caridad.

Ante el Sagrario hemos de recordar que esa presencia eminente de Jesús deriva del sacrificio del Altar, por esto debemos crear las disposiciones necesarias que nos permitan prepararnos convenientemente para participar en el memorial del Señor

---

[11] *Mt* 28, 20.

y recibir frecuentemente el Pan vivo que nos ha dado el Padre. La visita frecuente al Sagrario nos servirá, además, para centrarnos mejor en torno a la Santa Misa y la Comunión sacramental y espiritual.

¡Cuánto desea nuestra Santa Madre la Iglesia que no abandonemos a Jesús en el Sagrario! Es la razón por la que urge a sus hijos: «... los fieles aplíquense con ardor a la veneración de Cristo, el Señor, en el Santísimo Sacramento, según las condiciones de su propio estado de vida»[12]. El Concilio Vaticano II ha exhortado especialmente a los sacerdotes: «gusten de corazón del cotidiano coloquio con Cristo Señor en la visita y culto personal de la Santísima Eucaristía»[13], como indicándoles que deben ser cada uno de ellos el celoso guardián del Sagrario. El Derecho Canónico dispone que las iglesias deben estar abiertas, por lo menos, algunas horas al día, para visitar al Santísimo y poder hacer oración ante Él. En esto el sacerdote

---

[12] *Eucharisticum Mysterium*, 50.

[13] *Presbiterorum ordinis*, 18.

debe dar ejemplo[14] –él ha de ser el centinela permanente del Sagrario, más que la lamparilla– y exhortar y recomendar esta práctica al resto de los fieles, pues: «... de entre todas las devociones, después de la frecuencia de sacramentos, esta que tiene por objeto adorar a Jesús en el Altar, es la primera, la más agradable a Dios y la más útil a los hombres. Los santos de todos los tiempos se han visto penetrados de esta dulce devoción: sobre la tierra no podemos encontrar gozo más puro, tesoro más amable que Jesucristo en la Eucaristía»[15].

Saber estar en la iglesia trae consigo dar la primacía al coloquio con Jesús. Estamos con Él, y no solo al llegar le saludamos adorándolo con la genuflexión bien hecha –por dentro y por fuera, con el cuerpo y con el alma–, sino que sabemos permanecer de rodillas, unos instantes al menos, rezando, por ejemplo: la estación a Jesús Sacramentado –tres Padrenuestros, Avemarías y Gloria–, y la comunión espiritual.

---

[14] *CIC*, can. 931.

[15] SAN ALFONSO MARÍA DE LIGORIO, *Obras ascéticas*.

Luego, le hablamos de nuestras cosas, con palabras delicadas, exponiéndole alguna petición, dándole gracias por cualquier asunto que nos ha salido bien o desagraviándole por tantas «meteduras de pata» nuestras o tantos males –incluso sacrilegios– con los que algunos ofenden a Dios.

Hemos de tener ansias de reparación. Desagraviar por los pecados de la humanidad entera, y por la indiferencia y por la apostasía..., por el abandono en que Jesucristo se encuentra en tantos Sagrarios de la tierra: ¡hemos de amar por los que no aman, adorar por los que no adoran...!

Y enseñar a hacerlo a las personas que tratamos, incluso a los más pequeños, como ocurrió en Fátima, antes de las apariciones de la *Señora vestida de blanco, más brillante que el sol.*

(Me tomo licencia para extenderme un tanto en el *Misterio de Fátima.* Comprobarás que no me aparto de nuestro tema).

Al aparecerse el Ángel a los tres videntes por primera vez –Lucía, Francisco y Jacinta–, ya les hizo aprender:

«¡Señor, yo creo, adoro, espero y te amo! ¡Te pido perdón por los que no creen, no adoran, no esperan y no te aman!».

Y, cuando se les aparece por tercera vez, el cielo manifiesta a los «pastoriños» *el misterio de la Eucaristía...* Es el «Ángel eucarístico» que portaba en la mano izquierda un Cáliz, y con la derecha sustentaba sobre él la Hostia, de la que caían sobre el Cáliz unas gotas de Sangre. Los dejó suspendidos en el aire, y arrodillándose cerca de ellos, inclinó la frente hasta tocar tierra y rezó por tres veces esta oración:

«Santísima Trinidad, Padre, Hijo y Espíritu Santo: Os adoro profundamente y os ofrezco el preciosísimo Cuerpo, Sangre, Alma y Divinidad de Jesucristo, presente en todos los Sagrarios de la tierra, en reparación de los ultrajes, sacrilegios e indiferencias con que es ofendido. Y por los méritos infinitos de su Sagrado Corazón y del Corazón Inmaculado de María os pido la conversión de los pobres pecadores».

Luego, se levanta, toma en sus manos el Cáliz y la Hostia, que da en comunión a Lucía, y la Sangre del Cáliz a Francisco y a Jacinta, al tiempo que dice:

«Tomad y bebed el Cuerpo y la Sangre de Jesucristo, horriblemente ultrajado por los hombres ingratos. Reparad sus crímenes y consolad a vuestro Dios».

Y postrándose de nuevo en tierra repitió con los videntes –otras tres veces– la misma oración: «Santísima Trinidad...», y desapareció...

Narraba Lucía: «En estas apariciones del Ángel –sobre todo en la tercera–, la fuerza de lo sobrenatural nos absorbía y como que nos aniquilaba...

Parecía que nos privaba hasta del uso de los sentidos corporales por un gran espacio de tiempo...

Por días hacíamos lo más material llevados por esa atmósfera sobrenatural que nos impelía...

La paz y la felicidad que sentíamos era grande, íntima, concentrada el alma en Dios, aunque con una postración y abatimiento físico...».

Fue, pasados unos días, cuando ya podían hablar entre sí, cuando preguntó Francisco a su prima Lucía:

«—¿El Ángel te dio a ti la Sagrada Comunión, pero a Jacinta y a mí qué fue lo que nos dio?

E interviene la aguda de su hermana Jacinta llena de felicidad:

—¡Fue también la Sagrada Comunión! ¿No viste que era la Sangre que caía de la Hostia?

Y responde su hermano:

—¡Yo sentía que Dios estaba en mí, pero no sabía cómo...!

Y los tres pastoriños, postrándose con la frente en la tierra, repetían constantemente: Santísima Trinidad...».

Cuando –unos ocho meses más tarde, el 13 de mayo de 1917– se les aparece *la Señora del Rosario,* y así por seis veces, hasta el 13 de octubre, con todo el revuelo, agitación y bullicio producido, la Señora les deja serenos, alegres, exultantes, llenos de paz...

Los tres pastorcitos, ya antes, por usanza familiar rezaban el Rosario –el «tercio», así llamado en Portugal–; la Señora lo trae consigo, y lo urge en sus apariciones... En especial a Francisco, que, de ser remolón, pasará a rezarlo frecuente y piadosamente; y así, deseoso –como su hermana Jacinta– para que Ella, como les ha dicho, los lleve pronto al cielo.

Desde Fátima el rezo del Rosario se impulsará al mundo entero como parte del Mensaje de la Señora del Rosario.

De los tres, solo Lucía había hecho –años antes– su Primera Comunión. Los dos hermanos con mucha naturalidad se preparan –en vida ordinaria parroquial– con los de su edad para hacerla... Jacinta, muy «sabionda» ella, la recibirá; pero Francisco, en el examen ante el párroco, se trabucó –*atrapallouse*– en el Credo..., y sufrirá lo indecible por no poder hacer su Primera Comunión... ¡La recibirá como viático, la víspera de su muerte!

Aunque los tres videntes quedaron muy impactados y como absorbidos por «el misterio de Fátima», será Francisco, en los 18 meses que le quedó de vida, quien se convertirá en un «alma eucarística». Afanado por *consolar* a Jesús por las ofensas recibidas, y por acompañarle durante largos ratos en el Sagrario...

Ambos hermanos son hoy: san Francisco Marto y santa Jacinta Marto. Aguardamos la pronta glorificación de Lucía, que fue quien más hizo por dar a conocer la santidad de sus primos; entre ellos existió mucha complicidad y «buen rollo».

Relato algunas frases sueltas que nos recuerda su prima sobre Francisco. Acabo de leer en portugués su vida. Idioma pleno de saudade y enternecimiento; frases, que me gustaría ponerlas en portugués, ya que al traducirlas pierden su encanto, y originalidad, según el dicho italiano *traductore, traditore*, pero hago caso al «asesor literario».

Decía Francisco:

«—Me gustó ver al Ángel, pero me gustó más ver a Nuestra Señora... Y me gustó muchísimo más, en aquella luz que Nuestra Señora nos metió en el pecho, ver a Nuestro Señor.

—De aquí a poco, ya Nuestro Señor me lleva para junto a Él..., y entonces ya lo veré siempre».

Cuando iba a la escuela, solía decir a Lucía:

«—Oye, tú vete a la escuela, yo quedo aquí, en la iglesia junto a Jesús escondido. No me vale la pena aprender a leer, de aquí a poco voy para el cielo. Cuando salgas, ven por aquí a buscarme.

Un día, al salir de casa, Lucía ve que su primo andaba mal... Le pregunta:

—¿Qué te pasa, Francisco? ¡Veo que apenas puedes andar!

—Me duele mucho la cabeza, y me parece que voy a caer.

—Entonces es mejor que no vengas, quédate en casa.

—No me quedo, lo que quiero es poder llegar a la iglesia, y allí, mientras tú vas a la escuela, acompañar a Jesús escondido».

En los meses de enfermedad del vidente Francisco, destaca en él: su fuerte pesar por no «dejarle comulgar»; su ansia constante por consolar y desagraviar a Jesús y desear recibirle, y por un anhelo firme de irse al cielo..., para estar con Jesús y la Virgen María.

Es en la víspera de su muerte cuando, ¡por fin!, desde la parroquia «le atienden»; se le administra la confesión y la Eucaristía..., que, gozoso, quiere recibir de rodillas... Pero ya no tiene fuerzas, y tampoco le dejan... Con su *Primera y Última comunión* –el viático–, recibidos con sumo fervor, al día siguiente –4 de abril de 1919–, ve que una brillante «Luz» viene a llevarlo...[16].

El porqué y el para qué

Arrodillarse ante el Santísimo Sacramento es una práctica de piedad muy fecunda. Es ponerse ante Cristo presente por antonomasia en la Eucaristía.

La adoración que se debe a la Eucaristía suele eludirse por algunos a quienes les parece humillante arrodillarse. Con facilidad se olvida que ¡nunca el hombre es tan grande como cuando se pone de rodillas ante su Creador! Está ordenado en la Biblia: *Ante mí se doblará toda rodilla...*[17].

---

[16] FERNANDO LEITE, *Francisco de Fátima*, Ed. AO, Braga.

[17] *Is* 45, 25.

Al nombre de Jesús toda rodilla se doble en el cielo y en la tierra[18]. En la tradición de la Iglesia: «De rodillas Señor ante el Sagrario, que guarda cuanto queda de amor y de unidad...» fue el himno del Congreso Eucarístico de Barcelona de 1952... ¡De la adoración al Señor Sacramentado no debe prescindirse en *la pastoral* de la Iglesia, ni con los hechos ni con los dichos! Hay que enseñarlo a las nuevas generaciones.

Recuerdo la anécdota que contaba en clase aquel buen profesor que enseñó –hasta muy anciano– teología a tantas generaciones de sacerdotes. Nos decía:

«Era una madre que enseñaba a rezar a su pequeño en una iglesia. Y le preguntaba:

—¿Sabes para qué te pones de rodillas?

—¡Sí –respondía el niño–, para hacerme más pequeñito!

—¡No, tonto! –le corregía la madre señalándole el Sagrario–, es porque allí está Jesús.

Y nos comentaba el profesor: la madre decía el *porqué*, pero la contestación del

---

[18] Cfr. *Flp* 2, 6-11.

niño –a pesar de parecer ingenua– tenía una profundidad teológica grande, se refería al *para qué...*».

Para que nos empequeñezcamos, para que nos humillemos; para que Él sea engrandecido, para que sea exaltado, para que sea adorado...

Esta actitud de «arrodillamiento» ante la Eucaristía se ve hoy protestada con frecuencia con la postura contraria de no arrodillamiento..., hasta llegar a ser –en ciertos casos– algo habitual. Y aunque encontremos quienes quieran restarle importancia, diciendo que es solo una cuestión exterior y no fundamental, no podemos ser tan insensatos como para prescindir y subestimar las actitudes y posturas del cuerpo: dejar de ponerse de rodillas ante la Eucaristía puede traer consigo el grave y herético error de que no debe ser adorada, y ¿quién dirá que esto no es algo muy grave?

El cardenal Ratzinger –antes de ser Benedicto XVI–, al tratar de esta cuestión[19],

---

[19] Cfr. JOSEPH RATZINGER, *Teología de la liturgia*, pp. 106-111. (Son seis páginas sobre el «arrodillamiento»).

nos dice que el hecho de «arrodillarse» tiene su origen en la Biblia; solo en el Nuevo Testamento aparece 59 veces; y nos cuenta un dicho del tiempo de los Padres del desierto, en que el diablo fue obligado por Dios a presentarse a un cierto abad, Apolón, en figura espantosa, negra, de miembros macilentos y –sobre todo– *sin rodillas...;* lo que nos dice que la incapacidad de arrodillarse es, por así decir, esencia misma de lo diabólico.

«Arrodillarse es la expresión sensible de la adoración. Nos empequeñecemos en cierto modo para confesar la grandeza de Dios; al estar más cerca del suelo, actualizamos nuestra condición de criaturas ante la majestad de Aquel que nos sacó del limo de la tierra para unirnos a Él. Jesús se hincó de rodillas en Getsemaní»[20]. Ponerse de rodillas –ayer, hoy y siempre–, además de ser un buen síntoma de agilidad y de juventud –corporal y mental–, constituye un signo sensible de adoración. Y a la Eucaristía se la debe

---

[20] GEORGES CHEVROT, *En lo secreto,* p. 66.

honrar con la suprema adoración, es decir, con *culto de latría*, porque –insisto– ¡ahí está el mismo Jesús, y Jesús es Dios!, «... en todos los actos de latría, lo que es exterior dice relación a lo interior, como a su fundamento, y la misma adoración exterior se hace por causa de la interior, para que, mediante signos de reverencia, que corporalmente hacemos, se excite nuestro afecto a Dios»[21].

La actitud de rodillas ante Dios es la más digna y adecuada: y también ante el Dios perfecto y Hombre perfecto presente en el Sagrario. Tal vez aquí se nos pudiera aplicar muy adecuadamente el dicho evangélico: *el que se humilla será enaltecido*[22].

Cosas de niños

Cuánta infancia espiritual vivió –y enseñó a vivir a muchos– san Josemaría: «Niño bueno: dile a Jesús muchas veces

---

[21] SANTO TOMÁS DE AQUINO, *Summa Theologiae*, 2-2, q. 84, a. 2.

[22] *Lc* 18, 14.

al día: te amo, te amo..., te amo...»[23]. Y especialmente, para ir tras Jesús escondido en el Pan de Vida: «... Niño: no pierdas tu amorosa costumbre de "asaltar" Sagrarios»[24].

Me pregunto por qué será que, si se les educa adecuadamente, los niños tienen una querencia cuasi innata para tener un trato especial con Jesús Sacramentado.

Abundan las anécdotas. Te cuento alguna:

No hace mucho me enseñaban una fotografía de la capilla del colegio. En la misma puerta del Sagrario, ¡había un bombón!... No necesitaron explicarme nada más. Estaba claro... Quien lo puso allí, estaba de «cumple» o de santo, convidó así a sus amigos y no se olvidó de Jesús, «el Amigo silencioso»... ¡Sí, cosa de niños!, pero ellos –no pocas veces– nos enseñan a querer de verdad.

Este otro sucedido es muy reciente, ayer mismo me lo contó así el sacerdote protagonista; me dice:

---

[23] *Camino*, 878.

[24] *Ibíd.*, 876.

«Aún no había entrado al colegio, y me viene al encuentro un alumno, y me dice exultante:

—*¡El domingo fui a Misa con mis padres!*

Días antes había recibido en el aula una charla sobre la obligación de asistir a Misa... El chaval lo dijo en casa, y –contra lo que era su costumbre– los padres decidieron ir... –¿Quién llevó a quién?... ¿Fueron los padres los que llevaron al hijo, o fue el hijo –«buen proselitista»– el que llevó a los padres?

Otra lección:

Un profesor se encontró una tarde a un niño de seis años en la capilla del colegio merendándose su bocadillo. Sorprendido le preguntó:

—Y tú, ¿cómo estás en la capilla comiendo?

—Es que –dice el pequeño– Jesús estaba solo y yo también. Y vine a merendar con Él.

—¡A merendar con Él, no! –replica el profesor–; ¡el que está merendando eres *tú*!

—Sí. Pero ya le dije: «*¡Si gusta!*»...

¿No se te ocurre –querido lector– decirle al Señor: ¡Dame esa fe y ese amor de niño!?

Con las salidas de los niños hay que tener cuidado. Salen por donde menos se espera. Le ocurrió a cierta parvulista que en la capilla del colegio explicaba a sus párvulos la presencia de Jesús encerrado en el Sagrario. Les decía:

—*¡Allí, dentro de aquella casita está Jesús!*...

Luego, al salir, se le acercó el más espabilado de sus pequeñuelos y le preguntó muy serio:

—*¡Profe...!* –¿Quién cazó a Jesús y lo metió en esa casita donde nos dijiste que estaba?

Jesús encerrado en el Sagrario le parecía al pequeño un duro castigo. Para su mentalidad, para su imaginación de niño, estar encerrado en un lugar minúsculo debía de ser algo aterrador. No veía otra explicación: alguien muy fuerte debió de apresarlo.

Y es que en el fondo no iba descabellado el niño. Algo muy fuerte «le ha cazado y encerrado». ¡Sí! Ha sido el «delito de amarnos sin medida». El Amor divino hace cosas desconcertantes: ¡Es una locura de amor la Eucaristía!

Es una presencia permanente la de Cristo en el Sagrario: ¡Día y noche...! Esto me recuerda lo sucedido a aquella madre que, cuando ya estaba anocheciendo, pasa por delante de la iglesia con su hija que se preparaba para su Primera Comunión, y ella le dice muy seria:

—¡Mamá!, ¿ya estará durmiendo Jesús en el Sagrario?

—¡No, hija! Jesús nunca duerme... Allí, aunque venga la noche, Él se queda; siempre está rezando por nosotros.

De seguro que a aquella buena madre le vino aquella buena y pronta respuesta por haber escuchado en la iglesia el cántico:

> *Quédate con nosotros, / la noche está cayendo...*
> *Vimos romper el día / sobre tu hermoso rostro,*
> *y al sol abrirse paso por tu frente.*
> *Que el viento de la noche / no apague el fuego vivo,*
> *que nos dejó tu paso en la mañana.*
> *Quédate con nosotros, / la noche está cayendo...*

Sentirse como niños, ¡cuanto más pequeños, mejor, por ser más indigentes!, ¿acaso, no es la mejor postura ante el Señor Sacramentado?

Si valorásemos adecuadamente la presencia del Dios tres veces Santo, nos llenaríamos del santo temor de Dios –*initium sapientiae, timor Domini*[25]–, principio de todo recto saber. Recuerdo a este propósito lo que decía un hombre de mar:

—Dios es como la mar...

—*¿A qué se refiere?* –le preguntaban.

—Sí, porque cuanto más se le conoce, más se le quiere; pero, al mismo tiempo, más respeto se le tiene...

Es el compendio del amor y el temor que ha de expresarse en la adoración: amor por ser Él quien es; santo respeto y temor de no disgustarle; temor, también, ante la posibilidad de apartarnos de Él.

Jesús se quedó en la Eucaristía –*tradito*– entregado: «Me gusta llamar ¡cárcel de amor! al Sagrario.

---

[25] *Sir* 1, 16.

—Desde hace veinte siglos, está Él ahí... ¡voluntariamente encerrado!, por mí y por todos»[26]. ¡Haz por llevarle el obsequio agradecido de tus constantes visitas! «Si, para liberarte, hubieran encarcelado a un íntimo amigo tuyo, ¿no procurarías ir a visitarle, a charlar un rato con él, a llevarle obsequios, calor de amistad, consuelo?... ¿Y, si esa charla con el encarcelado fuese para salvarte a ti de un mal y procurarte un bien..., la abandonarías? ¿Y, si en vez de un amigo, se tratase de tu mismo padre o de tu hermano? ¡Entonces!»[27]. Entonces evita la dejadez, el pasar de largo, el atolondramiento de dejarlo solo. Entonces, considera cómo está: ¡ofrecido para nuestro sustento! ¡Instituido el Sacramento para ser comido! ¿Cómo no agradecerlo sobremanera?

No es otra cosa lo que la Iglesia nos enseña: «La Santísima Eucaristía se guarda en las iglesias para que allí sea adorada de los fieles y llevada a los enfermos cuando

---

[26] *Forja*, 827.

[27] *Surco*, 685.

la necesidad lo pidiere; y también ... debe ser adorada de todos, porque contiene verdadera, real y sustancialmente al mismo Jesucristo Señor nuestro»[28]. El *Catecismo de la Iglesia Católica* así lo enseña: «Por la profundización de la fe en la presencia real de Cristo en la Eucaristía, la Iglesia tomó conciencia del sentido de la adoración silenciosa del Señor presente bajo las especies eucarísticas..., permanece misteriosamente en medio de nosotros como quien nos amó y se entregó por nosotros, y se queda bajo los signos que expresan y comunican este amor.

La Iglesia y el mundo tienen una gran necesidad del culto eucarístico. Jesús nos espera en este sacramento del amor. No escatimemos tiempo para ir a encontrarlo en la adoración, en la contemplación llena de fe y abierta a reparar las faltas graves y delitos del mundo. No cese nunca nuestra adoración»[29].

---

[28] SAN PÍO X, *Catecismo Mayor*, nn. 622-623; CIC, can. 898.

[29] Cfr. CCE, nn. 1379-1380. Se recoge un texto de San Juan Pablo II, Carta *Dominicae cenae*, 3.

Un «alma joven» enamorado desde su más tierna infancia de la Eucaristía, sobresalió en nuestros días. Me refiero al hoy beato Carlo Acutis (1991-2006). Desde muy niño, deseó ardientemente recibir su Primera Comunión. Con ella, comenzó su trato con Jesús en la Eucaristía, a la que llamó: «mi autopista hacia el cielo»... Casi a diario asistía a Misa, hacía ratos de oración eucarística antes de que comenzase y después de finalizada. Tenía devoción a santos de poca edad que destacaron por su amor eucarístico, como: santo Domingo Savio, san Luis Gonzaga, san Tarsicio..., y de un modo especial, a los videntes de Fátima, los hermanos san Francisco y santa Jacinta Marto...

Fue también desde muy pequeño devoto de la Virgen María, especialmente en sus advocaciones de Lourdes y Fátima, y con el rezo habitual del Rosario. Le gustó mucho –y la practicó en su corta vida– la informática, y se dedicó a recopilar y documentar una exposición sobre los «milagros eucarísticos». Sobre ellos, hizo un catálogo y creó un sitio *web*.

Cuando comenzaba su adolescencia, le sobrevino una leucemia, lo que hizo incrementar sus visitas a Jesús Sacramentado, ante el que pasaba muchos ratos... Al preguntarle por su manera de orar ante el Señor, solía contestar:

—«No hablo con palabras, solo me recuesto sobre su pecho como san Juan en la Cena».

A los 15 años falleció santamente. En 2020, fue beatificado en Asís. Esperemos que sea pronto canonizado y pase a ser el santo del siglo XXI, que: «Convirtió la Eucaristía en el centro de su vida y de su dedicación cotidiana, para que los demás también amaran a Jesús sobre todas las cosas»[30].

---

[30] BEATO CARLO ACUTIS, *Oración para la devoción privada.*

CREO QUE ESTÁS AQUÍ

Ante la Eucaristía hemos de avivar nuestra fe. A la iglesia vamos a rezar: *Mi casa es casa de oración*[1]. Y para hacer un rato de oración, lo mejor –si nos es posible– es hacerla ante Jesús Sacramentado. Al empezar a orar es bueno actualizar esa presencia de Jesús con una oración previa. Por si te vale, te copio la que –enseñada por el Fundador del Opus Dei– suelen hacer tantas personas de toda condición:

«Señor mío y Dios mío, creo firmemente que estás aquí, que me ves, que me oyes. Te adoro con profunda reverencia, te pido perdón de mis pecados y gracia para hacer con fruto este rato de oración. Madre mía

---

[1] *Mt* 21, 13.

Inmaculada, San José mi Padre y Señor, Ángel de mi guarda, interceded por mí».

Siempre que empezamos a rezar, esta oración introductoria –u otra análoga– puede servirnos para ponernos en presencia de Dios, en cualquier lugar donde nos encontremos; pues el Señor, nuestro Dios, está en todas partes; está en las cosas: por *potencia*, sujetándolas todas a su poder; por *presencia*, viéndolas clara y totalmente hasta en sus íntimos secretos; por *esencia*, en cuanto que está con su divina naturaleza dándoles y conservándoles el ser. Por esto, en principio, cualquier sitio puede ser bueno para rezar. Pero cuando podemos hacerlo ante el Sagrario, los otros modos de presencia divina deben ceder ante este singularísimo de la Eucaristía; Jesucristo, Dios y Hombre, todo e íntegro, sustancial y permanentemente con nosotros. Orar aquí alcanza su máximo significado, pues este admirable modo de estar es solo comparable al de su presencia en el Cielo.

En el Sagrario es donde se localiza el lugar concreto en el que está Jesús en la tierra: en aquel templo, en el altar, en el

Tabernáculo, en el copón, bajo aquellas determinadas especies de pan –que ahora ya no es pan–; aquí y en ninguna otra parte se custodia el Cuerpo del Señor, y ahí aguarda a que le visitemos.

Es desde allí desde donde el Señor me ve, me oye...; es hacia allí –hacia aquel punto determinado– hacia el cual pueden y deben confluir mis afectos, mis pensamientos, mis desagravios, mis peticiones, mis inspiraciones...; todo lo que surge a lo largo de los minutos de mi oración.

No me sale nada

Me imagino que habrás oído alguna vez –pues es muy conocida– la anécdota que se atribuye a san Juan María Vianney, cura párroco del pueblo de Ars, en Francia. Nos la cuenta así un gran catequista.

Era una tarde casi de noche. El ganado y los labradores volvían del campo. El santo cura, a esas horas, siempre estaba en la iglesia por si iba alguno a confesar. Allí estaba rezando en el presbiterio, muy cerquita del altar, las manos juntas y los ojos clavados en la puerta del Tabernáculo.

Y notó que todas las noches a la misma hora se sentían los pasos de un viejo labrador. Entraba, se acercaba al comulgatorio; allí se arrodillaba, juntaba las manos y permanecía mucho rato inmóvil, como una estatua, los ojos fijos en el Sagrario.

El santo cura se sentaba en el presbiterio y algunas noches se complacía en ver el recogimiento con que estaba el viejo campesino... Llamole un día y le dijo:

—Ya he visto, hijo mío, cómo todas las noches vas a visitar a nuestro Jesús en su Sacramento de amor.

—Ay, señor cura –replicó el viejo–, yo bien quisiera estarme allí muchas horas, pero tengo mujer e hijos y hay que ir al campo a ganar para vivir. Pero ¿dónde se está mejor que a los pies de Nuestro Señor? Aquello es el cielo en la tierra.

—Pero he visto –añadió el santo párroco, mirándole con ojos llenos de exquisita bondad– que no rezas nada. Me he fijado y he visto que no mueves los labios. Abres los ojos, miras al Sagrario y... nada más.

—Así es verdad –replicó el labrador–, no rezo ni un Padrenuestro..., no me sale nada. Yo le miro y Él me mira, y así nos entendemos.

Al párroco se le saltaron las lágrimas y se fue[2].

Si no pido ni digo nada... *Si no me sale nada...* Si solamente *le miro y Él me mira...* Si de los labios no sale nada, ¡habla con el corazón! ¡Creo, Señor! ¡Sé que me ves! ¡Mírame! ¡Estoy aquí, Jesús, rendido a tus pies!

Conocerlo y conocerte: ¡tratarse!

Enseñan los maestros de vida cristiana que esta oración sin palabras es una buena oración. A veces bastará que estemos allí, clavados ante el Sagrario, que le miremos, que le hagamos compañía. ¿Acaso no es el mismo tipo de oración que ya en los albores del cristianismo se practicaba en

---

[2] R. SARABIA, *o.c.*, p. 798.

aquella aldea de Betania a la que frecuentemente acudió Jesús?

«María escogió la mejor parte», se lee en el Santo Evangelio. —Allí está ella, bebiendo las palabras del Maestro. En aparente inactividad, ora y ama. —Después, acompaña a Jesús en sus predicaciones por ciudades y aldeas.

Sin oración, ¡qué difícil es acompañarle!»[3].

¡Qué bien caló en esta intimidad de la familia de Betania el santo Fundador del Opus Dei!, veía el Sagrario como el lugar en el que Jesús siempre nos está esperando, para escucharnos y ayudarnos: «Os diré que para mí el Sagrario ha sido siempre Betania (Es verdad que a nuestro Sagrario le llamo siempre Betania... —Hazte amigo de los amigos del Maestro: Lázaro, Marta, María. —Y después ya no me preguntarás por qué llamo Betania a nuestro Sagrario); el lugar tranquilo y apacible donde está Cristo, donde podemos contarle nuestras preocupaciones, nuestros sufrimientos,

---

[3] *Camino*, 89.

nuestras ilusiones y nuestras alegrías, con la misma sencillez y naturalidad con que le hablaban aquellos amigos suyos, Marta, María y Lázaro. Por eso al recorrer las calles de alguna ciudad o de algún pueblo, me da alegría descubrir, aunque sea de lejos, la silueta de una iglesia: es un nuevo Sagrario, una ocasión más de dejar que el alma se escape para estar con el deseo junto al Señor Sacramentado»[4].

¿Qué lugar mejor que el Sagrario para entablar amistad con Jesús? A poco que pongamos un poquito de nuestra parte, la oración debe salir sola. Es cuestión de recogerse y considerar: ¡Jesús, estás aquí! Y comenzar a hablarle como se nos ocurra en ese momento... ¡Y a escucharle!

Y si te ocurriera decir que no sabes orar, te diré con el autor de *Camino:* «Ponte en la presencia de Dios, y en cuanto comiences a decir: "Señor, ¡que no sé hacer oración!...", está seguro de que has empezado a hacerla»[5].

---

[4] Cfr. *Es Cristo que pasa,* n. 154; *Camino,* 322.

[5] *Camino,* 90.

Al Sagrario has de acercar todo aquello que atañe a tu vida para que en ella metas a Jesús. Si te llenas de su Vida, estarás luego en condiciones de impregnar todos tus quehaceres con un renovado afán apostólico. Pero si no tienes ese trato con Jesús «en la oración y en el Pan, ¿cómo le vas a dar a conocer?»[6].

Al calor del Tabernáculo puedes experimentar también el dicho del Señor: *Quien me ama* –quien me trata–, *mi Padre lo amará, y vendremos a él, y pondremos en él nuestra morada*[7].

Y cuando no sepas qué decir ni qué pedir ni qué agradecer... y te preguntes: ¿y de qué voy a orar ante el Sagrario?, te aconsejo que recorras esta pequeña lista de temas para orar: «...—¿De qué? De Él, de ti: alegrías, tristezas, éxitos y fracasos, ambiciones nobles, preocupaciones diarias..., ¡flaquezas!: y hacimientos de gracias y peticiones y Amor y desagravio.

---

[6] Cfr. *Ibíd.*, 105.

[7] *Jn* 14, 23.

En dos palabras: "conocerle y conocerte": ¡tratarse!»[8].

Padrenuestros, Avemarías, Glorias

Es costumbre cristiana que la visita a Jesús en el Sagrario esté acompañada del rezo de la *estación a Jesús Sacramentado*; es decir, rezar tres veces esas tres oraciones básicas en la vida de piedad. El *Padrenuestro*, para que, por Él, con Él y en Él nos remontemos hacia Dios Padre. El *Avemaría*, esa necesaria mirada a la Virgen para encontrar al mismo Jesús que Ella nos trajo al mundo. El *Gloria,* que es situarnos ante Dios Uno y Trino, pues donde está una Persona divina, allí está por concomitancia –de un modo inefable– toda la Trinidad.

En la estación podemos intercalar la invocación: *Adoremus in aeternum Sanctisimum Sacramentum!* o *¡Viva Jesús Sacramentado! ¡Viva y de todos sea amado!*

El *Padrenuestro* rezado ante la presencia sacramental de Jesús puede ser un volver

---

[8] *Camino,* 91.

a decir al Señor: *enséñanos a orar*[9]. ¡Qué bueno es meditarlo ante el Sagrario, grabándolo en nuestro corazón, como volviéndolo a escuchar por primera vez –con el vigor de las primeras fuentes– de labios de Jesús! *Habéis de orar así...*[10]. El Padrenuestro nos dice cómo tiene que vivir, cómo debe ser el cristiano. No se puede decir más en menos palabras.

El Padrenuestro es modelo de oración. En él está resumida toda la doctrina de Jesús, está resumido todo su Evangelio; encierra en sí todo el camino que lleva al Cielo. Es «la más perfecta de las oraciones»... «Es el corazón de las Sagradas Escrituras»... «Es la oración por excelencia de la Iglesia... Inserta en la Eucaristía, manifiesta el carácter escatológico de sus peticiones, en la esperanza del Señor, hasta que venga»[11].

En sus peticiones acudimos a la verdad capital que Jesús nos enseñó: Dios es nues-

[9] *Lc* 11, 1.

[10] *Lc* 11, 2.

[11] Cfr. *CCE*, n. 2773 ss.

tro Padre... Somos hijos de Dios. Es Jesús quien nos vuelve a decir que deseemos el Cielo. Y, al mismo que allí se nos ofrece como el Pan vivo que alimenta nuestra vida espiritual, le pedimos este Pan y también el del sustento corporal.

Además, esta oración suscita el *dolor de amor* y la verdadera contrición y arrepentimiento de nuestros malos pasos. Al rezarlo con ánimo contrito, vemos: qué tenemos que perdonar, qué comprender y qué disculpar; y sin duda, estos padrenuestros rezados ante el Santísimo acrecentarán nuestras energías para poder salir del mal y rechazar las ocasiones e insinuaciones del pecado.

En una palabra: los padrenuestros ante el Sagrario han de ser de un modo especial no solo plegaria, sino compendio y programa de vida cristiana.

Con el rezo del *Avemaría* nos acercamos a María para mejor encontrar a Jesús. San Alfonso María de Ligorio quiso unir la visita al Santísimo con la visita a María: procurad..., a diario, unir siempre a la visita al Stmo. Sacramento la visita a María Santísima en una iglesia, o al menos en casa, ante una devota imagen suya[12]. Este santo tuvo el mérito peculiar de haber reducido esta tierna y provechosa devoción de la *Visita al Santísimo* a un método fácil, y al alcance de todos los fieles, como se hace ver en las *Acta Doctoratus* cuando se le concedió el título de Doctor.

En Belén y luego en Nazaret, Dios Padre confió la debilidad del Verbo encarnado al cuidado de María y de José. El anonadamiento y humildad de Cristo en la Hostia Santa nos invita a pensar que, en efecto, María y José deben estar cerca de Jesús en la Eucaristía –*trinitas terrestris*–, «la trinidad de la tierra». El Avemaría rezado ante el Sagrario es decirle al Hijo en la Hostia Santísima cuánto queremos a su Madre. Ella –que con su esposo san José estará muy cerca del Sagrario– nos alcanzará mejor lo que pedimos, y Ella nos enseñará cómo hemos de tratar a su Hijo Jesús.

El rezo del Avemaría nos recuerda el momento central de la historia de la Hu-

---

[12] SAN ALFONSO MARÍA DE LIGORIO, *Obras ascéticas*.

manidad en que –con la misma sencillez y naturalidad con la que está allí presente– *el Verbo se hizo carne y empezó a habitar entre nosotros.* Es pedirle a María que nos vuelva a dar a Jesús, que lo haga nacer en nuestros corazones por la gracia. Y se lo pedimos a Ella, *¡llena de gracia!*

Cuando, con toda la fuerza y el sentido que le dio siempre la Iglesia, llamamos a María ¡Madre de Dios!, estamos también profesando nuestra fe cristiana porque estamos proclamando Dios verdadero a su Hijo allí presente.

Después de haberle pedido que dé a nuestra visita aquella unción, fervor y cariño que la Virgen puso cuando fue a visitar a su prima Isabel, la saludamos con las palabras con que al llegar a la montaña lo hizo su prima: *¡Bendito es el fruto de tu vientre!* Y le pedimos su protección para estos momentos y sobre todo para esa hora final en que su Hijo nos llame a su presencia.

El *Gloria* delante de Jesús Sacramentado nos sitúa ante la misma Trinidad. Es como contemplar allí, ante cada Sagrario, al mismo Dios Uno y Trino, pues el culto a la Eucaristía es en sí mismo acción de gracias y adoración a la Trinidad. Ante la Eucaristía está siempre presente la Iglesia, que, con Cristo ante el Padre, en la unidad del Espíritu Santo, le tributa todo honor y gloria como Señor de cielos y tierra.

Por María hacia Jesús. Por la Humanidad de Cristo a su Divinidad. Dios-Hijo nos sitúa ante el Padre y nos envía el Espíritu Santo, que nos santifica con sus gracias y sus dones. Estos son los pasos para «... el coronamiento de la vida espiritual que siempre está en la devoción a la Santísima Trinidad»[13].

Estar ante el Sagrario rezando el Gloria es de algún modo anticipar lo que haremos plenamente en el Cielo: contemplar, dar gloria a Dios Uno y Trino con una visión plena de felicidad. Así, de alguna manera, estamos ya traspasando este tiempo caduco y como trasladados a la Eternidad, en donde el ayer, el hoy y el mañana se

---

[13] M. V. BERNADOT, *De la Eucaristía a la Trinidad*, p. 7.

identifican porque en Dios todo está siempre en presente.

¡Cuánto bien nos puede hacer empezar en la tierra a saborear el Gloria rezándolo en nuestra visita al Sagrario!, pues: «El amor de la Trinidad a los hombres hace que, de la presencia de Cristo en la Eucaristía, nazcan para la Iglesia y para la humanidad todas las gracias»[14].

La comunión espiritual

Ya san Alfonso María decía en su famoso libro *Visitas al Santísimo* que el fin –la finalidad– de las visitas era conseguir la *Comunión espiritual*. Efectivamente, luego de la estación a Jesús Sacramentado, suele ir seguida una *Comunión espiritual*.

Pero, en realidad, ¿qué es? Aunque en otra parte he escrito –pormenorizadamente– sobre esta costumbre eucarística[15], aquí resumo y abrevio.

«Es la unión del alma con Jesucristo presente en la Eucaristía, no recibiéndole

---

[14] *Es Cristo que pasa,* n. 86.

[15] Cfr. J. M. IGLESIAS, *Las comuniones espirituales.*

sacramentalmente, sino avivando el deseo de recibirle y fomentando la fe y el amor hacia Él».

¡Él está ahí para que lo comamos! Para eso fue instituido el Sacramento –*instituitur ut sumatur*–; por esto, lo mejor ante la presencia eucarística del Señor es fomentar el deseo, el ansia –¡*el apetito!*– de recibirle, intensificándolo con actos de fe y amor hacia el Señor Sacramentado. Pues, como escribió santo Tomás de Aquino: «el fin está ya de alguna manera contenido en el deseo»[16], pues el deseo intenso suple al acto, cuando este no puede ser realizado.

Esta es la condición principal para que se dé la comunión espiritual: *la eficacia del deseo*. Tener hambre de Eucaristía, desearla vivamente, con esto ya se hace un acto que toca a Dios. Es decir, si nos aproximamos a la vida de Cristo en la Eucaristía, Cristo ya viene –de alguna manera– a nosotros. La comunión se recibe ya –de al-

---

[16] SANTO TOMÁS DE AQUINO, *Summa Theologiae*, III, q. 72, a. 3, 48.

gún modo– cuando se la desea vivamente y con el propósito de hacer lo posible para recibirla sacramentalmente.

Para realizar con fruto la comunión espiritual hemos de procurar que la mente y el corazón hagan como cuatro actos referidos a Jesús Sacramentado:

– Un acto de fe en la Presencia real: *¡Creo que estás aquí!*

– Un acto de Amor a Jesús Sacramentado: *¡Te amo sobre todas las cosas!*

– Un acto de deseo, con la intención de poner los medios para recibirle sacramentalmente en cuanto sea posible: *¡Quisiera recibirte, Señor!*

– Un acto de acción de gracias, haciéndolo del mismo modo que si se hubiese comulgado sacramentalmente: *¡Gracias, Jesús, por quedarte con nosotros y por venir a mí!*

Así ya lo enseñaba san Alfonso María de Ligorio: «... quienes deseen ir creciendo en el amor de Jesucristo hagan una comunión espiritual en cada visita».

Es suya esta oración que precisa bien sus diversos componentes:

–«Jesús mío, creo firmemente que estás en el Santísimo Sacramento del Altar. Te amo sobre todas las cosas y deseo tenerte en mi alma. Ya que ahora no puedo recibirte sacramentalmente, ven a lo menos espiritualmente a mi corazón. Como si ya hubieras venido, te abrazo y me uno todo a Ti; no permitas que yo me separe de Ti».

La comunión espiritual guarda relación con el esfuerzo que el hombre ha de hacer para acercarse a su Creador y Salvador: fomentar la fe en la Presencia real de Jesucristo en cada Sagrario, desear estar con Jesús, desear recibirle en nuestros corazones... No olvidemos que es casi siempre la imperfección de nuestras disposiciones lo que nos impide progresar en la vida interior. Las trabas que se oponen a la acción de la gracia son la poca fe y el poco amor, pues «los sacramentos de la Nueva Ley, al mismo tiempo que actúan por su propia virtud, producen un efecto tanto mayor cuanto más perfectas sean las condiciones de quien los recibe»[17].

---

[17] SAN PÍO X, *motu proprio Sacrosancta Tridentina Synodus*, 20-XII-1905.

Enseñan los maestros de vida cristiana que procuremos unirnos a menudo de este modo con Jesús, pues: «Así como al goloso se le van los ojos tras la golosina, así se nos han de ir los ojos y el corazón tras este divino manjar»[18]. Devoción facilísima y del máximo provecho. Está al alcance de cualquiera; basta un sencillo acto de amor, y tener con Él la confianza y sencillez de un niño con su padre. «Cualquier fiel, a cualquier hora, en cualquier día, puede hacerla saludablemente sin prohibición alguna»[19].

También para el Fundador del Opus Dei las comuniones espirituales son un manantial inagotable de gracias y medio eficacísimo para vivir la unidad de vida. «¡Qué fuente de gracias es la Comunión espiritual! –Practícala frecuentemente y tendrás más presencia de Dios y más unión con Él en las obras»[20].

---

[18] P. ALONSO RODRÍGUEZ, *Ejercicios de perfección cristiana*, 2ª parte, trat. VIII.

[19] TOMÁS DE KEMPIS, *Imitación de Cristo*, lib. IV, cap. X.

[20] *Camino*, 540.

Contaba san Josemaría que desde muy temprana edad le enseñaron a hacer comuniones espirituales cuando se preparaba para hacer su Primera Comunión. Le preparaba un viejo escolapio, «...hombre piadoso, sencillo y bueno. Él me enseñó la oración de la comunión espiritual:

–«Yo quisiera, Señor, recibiros con aquella pureza, humildad y devoción con que os recibió vuestra Santísima Madre; con el espíritu y fervor de los Santos»[21].

Esta oración que repitió durante toda su vida es hoy familiar a personas de toda condición en el mundo entero.

Saber salir

Siempre que salimos del templo, hemos de tener la delicadeza de despedirnos del Señor. No me refiero ahora solamente a esas precipitadas salidas de Misa apenas el sacerdote da la bendición. Siempre me pareció una falta de educación, que también puede servir de «termómetro» de la temperatura espiritual de un cristiano. Enseña

---

[21] S. BERNAL, o.c., p. 20.

la Iglesia –al finalizar la santa Misa– a no moverse hasta que el sacerdote se retire del Altar, despidiéndole puestos en pie. Y aconseja vivamente que cada cual –individualmente– se quede un rato en acción de gracias, máxime si se ha recibido a Jesús en la Comunión sacramental[22].

Poetizó «el Príncipe de los Ingenios»:

Como el amor y la gala
andan un mesmo camino,
en todo tiempo a tus ojos
quise mostrarme polido[23].

La virtud del agradecimiento hemos de vivirla con todos; pero, ante la Eucaristía, que es precisamente culto de acción de gracias por excelencia, hemos de extremar el ser «pulidos»... No me paro aquí en el «dar gracias», a eso he dedicado otro escrito[24]. Solamente, te entrego estos versos de Pemán:

---

[22] Cfr. *Eucharisticum Mysterium*, 35; Decr. *El Culto y la Comunión fuera de la Misa*, n. 2.

[23] MIGUEL DE CERVANTES, *Don Quijote de la Mancha*, XI, "Cantar de Antonio", 9.

[24] J. M. IGLESIAS, *Una costumbre de siempre: La acción de gracias*.

En este trueque de amor
lo que tengo que dar,
Amado, bien lo sé yo. (...)
En este trueque de amor
no es mi falta, ¡es tu abundancia!
Lo que me asusta, Señor[25].

La gran abundancia de Dios para con nosotros es tal, que, por mucho que nos empeñemos, nunca llegaremos a ser con Él suficientemente agradecidos. La nuestra será siempre una deuda de amor que continuará por toda la eternidad.

En cambio, sí quiero fijarme más en qué debe uno hacer antes de salir de la iglesia... Si Jesús está en el Sagrario, a Él debe dirigirse nuestra despedida. Si hemos estado sentados, o de pie, o sencillamente observando las riquezas monumentales del templo, debemos despedirnos del Señor de la casa.

Saber salir del templo es algo que también hemos de cuidar: la genuflexión bien hecha, y que no falte un encendido adiós a Jesús.

---

[25] JOSÉ MARÍA PEMÁN, *Cuatro canciones místicas*, 2.

He conocido a una persona que, antes de salir del templo, suele mirar a su alrededor observando si hay más gente pendiente del Sagrario. Si nota que no hay nadie, entonces tiene una despedida más cariñosa, más tierna, como pidiéndole perdón al Señor antes de dejarlo solo. Aunque, visto con ojos de fe, Jesús en el Sagrario nunca está solo. Siempre está recibiendo de los Ángeles la adoración y gloria que le pertenecen como Dios; y no solo los Ángeles: el Cielo entero está de algún modo cerca de la Eucaristía, y muy especialmente la Virgen y san José, como han ponderado tantos santos y teólogos.

¿Sabes que cada Sagrario tiene *guardianes* dedicados a este menester? Ellos no cesan de custodiar –ininterrumpidamente– la Eucaristía, y están al tanto de cómo lo tratamos.

No olvides, pues, que tu diálogo con Jesús lo «vigilan» los Ángeles... ¡Ven cómo lo tratas! Conocen si se te va el santo al cielo...; y esto –sin duda– te dará más presencia de Dios, como se dice en *Surco*: «Tus comuniones eran muy frías: prestabas poca atención al Señor: con cualquier bagatela te distraías... —Pero, desde que piensas –en ese íntimo coloquio tuyo con Dios– que están presentes los Ángeles, tu actitud ha cambiado...; ¡que no me vean así!, te dices...

—Y mira cómo, con la fuerza del «qué dirán» –esta vez, para bien–, has avanzado un poquito hacia el Amor»[26]. ¡Vamos, entonces, a tomarlos como buenos maestros, a fin de que nos enseñen a tratar bien a Jesús Sacramentado!

«Sé que te doy una alegría copiándote esta oración a los Santos Ángeles Custodios de nuestros Sagrarios:

Oh Espíritus Angélicos que custodiáis nuestros Tabernáculos, donde reposa la prenda adorable de la Sagrada Eucaristía, defendedla de las profanaciones y conservadla a nuestro amor»[27].

Al salir –sin prisa–, será bueno dejarles a estos Ángeles Custodios del Sagrario la encomienda de que acompañen por nosotros

---

[26] *Surco*, 694.

[27] *Camino*, 569.

a Jesús... ¡Y podremos salir seguros de que lo harán! Podemos volver a ponernos de rodillas y decirle algo a Jesús: un adiós, o un hasta pronto. Luego, haremos la genuflexión acompañada de un cariñoso acto de adoración. Al salir no es necesario volver a hacer uso del agua bendita, pero, en nuestro interior y en el porte externo, ¡que se note que acabamos de estar con nuestro Dios y Señor!

Hacer del día una Misa

Interesa no perder de vista que los frutos y efectos de la comunión espiritual corren parejos con los de la comunión sacramental. En esta «actúa el Sacramento», en la espiritual, solamente el sujeto que la realiza. Pues es fruto característico de la Eucaristía aumentar y perfeccionar la unión del alma con Jesucristo; la iniciativa parte de Él, realmente presente, a modo de comida; pero a quien la recibe le atañe –además de rectitud de intención, estar en gracia de Dios y guardar el ayuno eucarístico– crear, una y otra vez, las mejores disposiciones de fe y de amor para apropiarse al máximo los frutos del Sacramento. ¡Ese será el principal cometido de las comuniones espirituales!

Por tanto, hacerlas no es limitarse a decirle al Señor que le queremos, sino que, teniendo la santa Misa como centro y raíz, hacemos por prolongar los frutos de la anterior comunión eucarística y –al tiempo– ya estamos preparando la siguiente... Y nos ayudará también para desagraviarle por los pecados y por las negligencias propias, por los que comulgan sacrílegamente sin haberse confesado antes de los pecados graves, y por cuantos –de una u otra manera– han olvidado que Cristo nos espera en este admirable Sacramento.

Repetidas a lo largo del día, por lo general breves y afectuosas, las comuniones espirituales se convierten en recia y piadosa costumbre y apoyo firme que da sentido al diario caminar y dan pie para *hacer del día una Misa...*, y así: «Has de conseguir que tu vida sea esencialmente, ¡totalmente!, eucarística»[28].

---

[28] *Forja*, 826.

«De este modo –enseñaba san Josemaría–, muy unidos a Jesús en la Eucaristía, lograremos una continua presencia de Dios, en medio de las ocupaciones ordinarias propias de la situación de cada uno en este peregrinar terreno, buscando al Señor en todo tiempo y en todas las cosas»[29].

Si ponemos empeño en vivir habitualmente en presencia de Dios en torno a este Sacramento, tratando de orientarnos hacia la presencia eucarística, hasta ir consiguiendo que nuestra vida sea una continua acción de gracias por haberlo recibido y una preparación para recibirle mejor en la próxima Comunión, cuando nos acerquemos al sagrado convite veremos que se ha hecho realidad algo parecido a lo que se decía hace unos años de una llamada «medalla del amor»: *hoy te quiero más que ayer, pero menos que mañana.* ¡Iremos creciendo en el Amor!

Cruz y sagrario

¡Aproximarnos a la Misa es aproximarnos a la Cruz! La Eucaristía perpetúa el

---

[29] *Carta*, 2-II-1945.

Sacrificio de la Cruz del Divino Redentor, anticipado sacramentalmente en la Última Cena: Esto es mi Cuerpo entregado –*tradito*–... Esta es mi Sangre derramada –*efundetur*–... En el Sagrario está el mismo que se ha ofrecido en el Sacrificio de la Cruz.

Cruz viviente, Misa continuada, se lee en el altar de una casa de almas consagradas a Dios. Se quiere recordar así que también es en torno al Sacrificio del Altar donde cobra su pleno sentido la cruz de cada día: de la Santa Misa sale fuerza y energía para llenar de amor a Dios y a los demás todos los momentos del día, y hacia ella –hacia la Misa– deben confluir todos los quehaceres cotidianos.

Esto –Cruz y Sagrario– me hace recordar lo sucedido a aquel niño altamente «disminuido», perdón: «discapacitado», del que decían a su madre que no era apto para hacer su Primera Comunión... Pero ella se obstinó, mejor, se esmeró en capacitarlo. Cuando lo creyó preparado, se lo llevó al párroco, que, –de entrada– nada más verlo, no solo le pareció no apto para

recibir al Señor, sino que se puso a tranqui-
lizar a la madre y a consolarla... Le decía:

—Si su hijo no tiene capacidad para recibir
la Comunión, en estos casos Dios supliría de
algún modo...

—¡Por favor –imploraba e insistía ella al
párroco–, examine a mi hijo!

Ante tal súplica materna, el párroco accede.
Lleva al niño a la iglesia, y le pregunta:

—¿Así que quieres hacer la Primera Comunión?

—¡Sí, quiero¡ –responde el pequeño.

—¿Y qué es hacer la Comunión? –inquiere
el párroco.

—Es recibir a Jesús.

—¿Tu quieres a Jesús?

—¡Sí!, sí, lo quiero mucho.

—¿Y dónde está Jesús? –pregunta el párroco.

—En el Sagrario –afirma el niño, señalando
con el dedo hacia él.

Luego, el sacerdote acerca al muchacho
ante un crucifijo, y le pregunta:

—¿Quién es este?

—También es Jesús.

Por último, se le hace al pequeño la pregunta más decisiva:

—Entonces, hay dos Jesús: Uno, en la Cruz y otro, en el Sagrario.

—No. Solo hay un Jesús –reafirma el «discapacitado».

Y levantándose indica la Cruz, y dice:

—*¡Aquí, parece que está, pero no está...!*

Luego, se acerca al Sagrario, y afirma:

—*¡Aquí, parece que no está, pero está!*

El bueno del párroco quedó asombrado... El Espíritu Santo sabe hablarnos por boca de los niños. Se acercó a su madre y le dijo:

¡Traigan –cuando les venga bien– a su hijo a recibir su Primera Comunión!

La ilación de la Eucaristía con la Cruz es plena. En la Eucaristía no solo está, *¡es Jesús!:* «Te adoro con devoción, Dios escondido, oculto verdaderamente bajo estas apariencias... En la Cruz se escondía solo la Divinidad, pero aquí –en la Eucaristía– también se esconde la Humanidad...»[30]. El crucificado derramó toda su Sangre –gota a gota– por todos nosotros.

---

[30] Cfr. Himno *Adoro te devote.*

Por eso, la Cruz es *la señal del cristiano* porque en ella murió Jesucristo para redimir a la humanidad. Ante la Cruz decimos al Señor: «Te adoramos, Cristo, y te bendecimos, porque por tu Santa Cruz has salvado y redimido al mundo»... «Ser cristiano es estar de continuo en la Cruz»[31]. La Iglesia la honra especialmente –¡la adora!– en la liturgia del Viernes Santo, la Iglesia hace ostensión de la Cruz y manda adorarla por ser triunfo de la donación y del amor de Jesús, y ser el misterio de nuestra salvación. Y no debe celebrarse la Santa Misa si no es ante una Cruz...

Almas de Eucaristía

Hemos visto que, por su misma naturaleza, la visita no debe ser otra cosa que una comunión espiritual; y que esta, ha de comportar una referencia más o menos explícita a la comunión sacramental. Visita y comunión espiritual vienen a ser el esfuerzo que el hombre hace para dar ese

---

[31] Cfr. *Forja*, 882.

paso que le hace aproximarse a su Salvador, que se le ha acercado tanto.

«Comenzaste con tu visita diaria... —No me extraña que me digas: empiezo a querer con locura la luz del Sagrario»[32]. *Cristo es Luz de las gentes*[33], que ilumina a todo hombre que viene a este mundo.

La «Luz blanca» de la sagrada Hostia ha de iluminar todos los momentos del día disipando las tinieblas de cada instante. Y para que esta Luz divina –¡*Luz de Luz*...!– no nos deslumbre ni nos ciegue, hemos de tamizarla por el prisma de la fe y de la humildad. Así como los colores no son más que una descomposición –una parcialidad– de la luz blanca que va tomando diversas tonalidades, de un modo análogo ha de ser la *Luz eucarística*, la que –a través del prisma de la pureza, la humildad y la devoción al Santísimo Sacramento– vaya iluminando y dando tono, color y realismo sobrenatural a toda la gama de las realidades humanas.

---

[32] *Surco*, 688.

[33] Cfr. *Lc* 3, 32.

Y cuando el día esté lleno de vida eucarística, comprobaremos que los días de nuestra vida –sin duda– son como un continuo «adviento», realidad anunciada en *Forja:* «¡... para remozar el deseo, la añoranza, las ansias sinceras por la venida de Cristo!, ¡por su venida cotidiana a tu alma en la Eucaristía!»[34]...; e «Iremos a Jesús, al Tabernáculo, a conocerle, a digerir su doctrina, para entregar ese alimento a las almas»[35]... Y tomaremos pie de todo lo que nos circunda –personas, asuntos, cosas...– para ser *almas de Eucaristía...*:

«*Almas de Eucaristía* son aquellos *christifideles*, miembros de la comunidad sacerdotal del Pueblo de Dios –*laicos o sacerdotes en orgánica cooperación*– que ponen en Jesús-Hostia el centro de sus pensamientos y esperanzas; e –identificados progresivamente con Cristo– no tienen otra aspiración que atraer a todos hacia Él, contribuyendo a la dilatación del Reino de Dios en la comunión salvífica de la Iglesia

---

[34] Cfr. *Forja,* 548.

[35] *Forja,* 938.

fundada en la roca firme de *Pedro*, por la materna mediación de María, Madre del Cristo total, Cabeza y miembros»[36].

Y con este fundamento, para ser ¡Almas de Eucaristía!: tendremos una progresiva identificación con Cristo...; en el cristiano los hombres tienen que poder reconocer a Cristo, pues como enseña el Papa Francisco: «La Eucaristía es fuente de amor para la vida de la Iglesia, es escuela de caridad y solidaridad. Quien se nutre del Pan de Cristo no puede permanecer indiferente ante quienes carecen del pan cotidiano»[37].

El cristiano está llamado a poner empeño en hacer del día entero una «misa continuada», luchando en procurar vivir cotidianamente una existencia «totalmente eucarística»[38].

Y se podrá comprobar que las frecuentes comuniones espirituales nos permiti-

---

[36] Cfr. JOAQUÍN FERRER ARELLANO, *Almas de Eucaristía. –Reflexiones teológicas sobre el significado de esta expresión en San Josemaría.*

[37] PAPA FRANCISCO, *Alocución*, 3-XI-2021.

[38] Cfr. *Forja*, 826.

rán tener «más presencia de Dios y más unión con Él en las obras»[39]. Es decir, que no nos limitaremos a decirle al Señor de mil maneras que queremos recibirle, sino que –como queda dicho– teniendo la Santa Misa *como centro y raíz,* no nos faltará gracia para esmerarnos y vivir durante el día con más presencia de Dios, para cumplir mejor con el trabajo y con los deberes ordinarios... Aprovecharemos mejor el tiempo, con más orden, viviendo intensamente esas *inexorables horas de sesenta minutos,* con las ansias de sentir sobre nuestros hombros el peso de la Iglesia de Cristo y las necesidades de nuestros hermanos los hombres, cumpliendo el *Mandatum novum de Cristo: Que os améis unos a otros como yo os he amado*[40]; no dejemos de considerar que, en los dos días «más eucarísticos», celebra la Iglesia el «Día del Amor fraterno», el Jueves Santo; y el «Día de Cáritas», en el *Corpus Christi.*

---

[39] Cfr. *Camino,* 540.

[40] *Jn* 13, 34.

LA SEÑORA DEL SAGRARIO

Así como María es Madre y Maestra de vida cristiana, también lo es de vida eucarística. «En este Sacramento bajo las especies del pan y del vino está contenida, es ofrecida y comida aquella misma carne que Jesucristo nuestro Señor tomó de la Santísima Virgen María»[1].

Dijo san Juan Pablo II en Sevilla –*tierra de María Santísima*– el 13 de junio de 1993, antes de rezar el Ángelus, al final de la Santa Misa de clausura del XLV Congreso Eucarístico Internacional:

«En esta hora del Ángelus, cuando el pueblo de Dios recuerda la Anunciación de la Virgen María y el misterio de la En-

---

[1] SAN PABLO VI, Enc. *Mysterium fidei*, 76.

carnación, la fe y la piedad de la Iglesia se concentran hoy ante Cristo –era la fiesta del *Corpus Christi*–, hijo de la Virgen María, luz de los pueblos, presente en el Santísimo Sacramento de la Eucaristía, ofrecido al Padre como víctima gloriosa de reconciliación en el sacrificio de la nueva y eterna alianza, y entregado a nosotros como Pan de vida...

»San Juan ha querido unir en su Evangelio la revelación del misterio eucarístico y la evocación de la Encarnación. Jesús es el Pan vivo bajado del cielo para la vida del mundo...

»Existe, pues, un vínculo estrechísimo entre la Eucaristía y la Virgen María, que la piedad medieval acuñó en la expresión *caro Christi, caro Maria*, la carne de Cristo en la Eucaristía es, sacramentalmente, la carne asumida de la Virgen María. Por eso he querido poner de relieve en la Encíclica *Redemptoris Mater* que María guía a los fieles a la Eucaristía».

En las fuentes del Santísimo Sacramento la encontramos siempre a Ella: ¿cómo podríamos tomar parte en el Sacrificio sin recordar e invocar a la Madre del Soberano Sacerdote y de la Víctima? «En el sacrificio del Altar, la participación de Nuestra Señora nos evoca el silencioso recato con que acompañó la vida de su Hijo, cuando andaba por la tierra de Palestina. La Santa Misa es una acción de la Trinidad; por voluntad del Padre, cooperando con el Espíritu Santo, el Hijo se ofrece en oblación redentora. En ese insondable misterio se advierte, como entre velos, el rostro purísimo de María: Hija de Dios Padre, Madre de Dios Hijo, Esposa de Dios Espíritu Santo.

»El trato con Jesús en el sacrificio del Altar trae consigo necesariamente el trato con María, su Madre. Quien encuentra a Jesús, encuentra también a la Virgen sin mancilla...[2]. Cuando entramos en la Casa de Dios, cuando estamos ante el Señor Sacramentado, allí también –de modo inefable– encontraremos a la *Señora del Sagrario*.

---

[2] SAN JOSEMARÍA, "La Virgen", en *Libro de Aragón*, Caja de Ahorros de Zaragoza, Aragón y Rioja, 1976.

¿Dónde estaría María, Nuestra Señora, en la noche de la Última Cena? No es temerario imaginar que no muy lejos... ¿Cuándo recibió por primera vez la Comunión? Posiblemente muy pronto. En todo caso, no ha habido en el mundo comulgante más creyente que Ella.

Comenta Pemán lo bien que entendería la Virgen ese misterio de amor que es la Eucaristía. «¿Entiende alguien del todo lo que dicen los enamorados, los novios, los poemas o los cantares de amor? El amor disparata siempre de algún modo. Y no es de los menores y más punzantes disparates aquello que toda madre dice muchas veces al besar a su hijo, y que María ciertamente habría dicho alguna vez a Jesús: *te comería*»[3]. ¡Qué comuniones las de María!

«Nuestra Señora ha participado muy íntimamente en el sacerdocio de su Hijo durante su vida terrestre, para que esté ligada para siempre al ejercicio de su sacerdocio. Como estaba presente en el Calvario, está presente en la Misa, que es una prolon-

---

[3] J. M. PEMÁN, *Lo que María guardaba en su corazón.*

gación del Calvario. En la Cruz asistía a su Hijo ofreciéndolo al Padre; en el Altar, asiste a la Iglesia que se ofrece a sí misma con su Cabeza, cuyo sacrificio renueva»[4]. ¡Ofrezcámonos a Jesús por medio de Nuestra Señora!

Madre del Señor Sacramentado

Cuando los discípulos del Señor quedaron sin la presencia visible del Maestro, se acercaron a María, aprendieron de Ella..., perseveraban con María[5].

Para encender su fe y su amor a Jesús Eucarístico encontraron en la Virgen un ejemplo admirable. Así lo hace ver un prestigioso teólogo, en unas páginas dedicadas a la Eucaristía y a María: «Era el más perfecto modelo de devoción eucarística... Si nos dirigimos a Ella, puede enseñarnos sin ruido de palabras... cómo hemos de tratar a su Hijo en la Eucaris-

---

[4] M. V. BERNADOT, *La Virgen en mi vida*, Barcelona 1947, p. 233.

[5] *Hch* 1, 14.

tía»[6]. Y no creas que es esta una consideración poco profunda, nuestra Madre Santa María conoció el misterio inefable de la Eucaristía y profundizó en él más que criatura alguna: nadie tuvo tanta fe y tanto amor a Jesús como Ella.

Como lo han hecho ver muchos santos, podemos pensar que en cada Misa –en cada Sagrario– centro y corazón de la Iglesia se encuentra María... Junto a María estaremos particularmente unidos a toda la Iglesia, en torno al Pan de Vida.

Te has preguntado: ¿Por qué María fue encomendada a san Juan? Entre otras razones, porque este tenía un tesoro: la Eucaristía. En adelante, buena parte de la misión de la Virgen será contemplar y amar a Nuestro Señor, presente en la Eucaristía, y obtener por sus incesantes súplicas la difusión de la fe y la salvación de las almas.

Probablemente a las primeras Misas que celebró san Juan asistiría María, y estas producirían en la Virgen los íntimos senti-

---

[6] R, GARRIGOU-LAGRANGE, *La Madre del Salvador*, Rialp, 1977, p. 151.

mientos y afectos que ambos habían vivido al pie de la Cruz.

«Cada una de las comuniones de María era más ferviente que la anterior, y al producirle un gran aumento de caridad, la disponía a una comunión aún más fructífera»[7].

Y tanto actuaba en la Virgen María el amor divino de su Hijo, que la teología puede llegar a afirmar que el hambre de Eucaristía era incomparablemente mayor –más intenso– en María que en las almas más santas. Y es que Nuestra Señora caminó hacia Dios con un anhelo irresistible, que creció día a día junto con sus méritos. «Es el Espíritu Santo, actuando en Ella, quien la lleva infaliblemente a darse con plena libertad a Dios y a recibirle; este amor –como la sed ardiente– se acompaña del sufrimiento, que no cesará más que por la muerte de amor y por la unión eterna. Tal era el hambre de Eucaristía en la Santísima Virgen»[8].

---

[7] *Ibídem.*

[8] *Ibídem.*

María, el primer Sagrario

Hacía ver el papa Francisco en su mensaje a Guadalupe: que «la Virgen María se presentaba al indio Juan Diego *embarazada,* como un sagrario donde Jesús ya está realmente presente..., manifestando con ese gesto la grandeza de la Encarnación del Hijo de Dios...; le pide construir un templo, para darnos a nosotros también la posibilidad de vivir en la Eucaristía, en la Palabra y en el ministerio de la Iglesia esta misma experiencia de poder encontrar a Jesús, hablarle, escucharle, y sentir su presencia en nuestras vidas»[9].

Otro gesto afín lo he visto en una antigua pintura ecuatoriana:

Un cuadro del siglo XVII de arte colonial quiteño muestra en el centro a María con la sagrada Custodia en sus manos; sobre ella la Santísima Trinidad –Padre, Hijo y Espíritu Santo–, rodeada de Ángeles. Abajo dos santos adoran piadosamente el Misterio...

---

[9] PAPA FRANCISCO, *Mensaje al VIII Congreso Eucarístico de México,* 8 al 12-XI-2023.

Estas muestras de la Virgen Eucarística son todo un símbolo. Para acercarnos a Jesús en la Eucaristía –para vivir en torno al Sagrario–, hemos de hacerlo a través de María, que está con una presencia muy especial muy cerca de todos los Sagrarios de la tierra.

A Ella enseñaba a acudir san Pío X: «¡*Oh Virgen María*, Nuestra Señora del Santísimo Sacramento, despertad en todos los fieles la devoción a la Sagrada Eucaristía para que se hagan dignos de recibirla diariamente!».

La Virgen Santísima, cerca siempre de su Hijo, nos alienta y nos enseña a recibirle, a visitarle, a tenerle como centro de nuestro día, al que dirigimos frecuentemente nuestros pensamientos, al que acudimos en las necesidades. En el Cielo, muy cerca de Jesús, veremos a María y, junto a Ella, a nuestro Padre y Señor san José. La gloria del Cielo será, en cierto modo, la continuación del trato que aquí en la tierra tenemos con ellos.

«Muchas veces los autores medievales han comparado a María con la Nave bíblica que trae el Pan desde lejos. Realmente así es. María es la que nos trae el Pan Eucarístico; es la Mediadora, es la Madre de la vida divina que Él da a las almas. Sobre todo, a la luz de la Maternidad espiritual de María nos agrada considerar las relaciones entre María y la Eucaristía; como Madre nos dice Ella: venid, comed el Pan que yo os he preparado, comed bastante, que os dará la vida verdadera»[10].

¡Cuánta ayuda nos puede dar la Virgen María para vivir mejor la Santa Misa, para llenarnos de gratitud a Jesucristo en cada comunión, para sentirnos muy hijos de Dios Padre, para ser dóciles a Dios Espíritu Santo, para crecer –ininterrumpidamente– en vida eclesial y trinitaria...; y, en la virtud del agradecimiento, hasta que la vivamos plenamente en el Cielo!

Si acudes a Ella y, además, pides ayuda a tu Ángel Custodio, verás cómo el hambre, las ansias, los anhelos y deseos de visitar y recibir y agradecer –con trato intenso– a Jesús Sacramentado que has

---

[10] R. M. SPIAZZI, *María en el misterio cristiano*, p. 203.

bebido en estas páginas se incrementarán en ti. Ella, María, lo amplificará...

¡Eso pido a nuestra Madre Santa María para ti y para mí!

CONCLUSIONES

Las conclusiones salen fáciles y salen solas: Si Jesús está presente en el Sagrario y está ofreciéndose a sí mismo como alimento, lo que hemos de hacer es visitarle y desear recibirle. Solo así se centra adecuadamente el culto de adoración según lo pide la recta fe cristiana. En el Sagrario vive Jesús en estado de víctima –*Christus passus*–, el Cristo paciente, Cristo en su Pasión, el sacrificado, el que está contenido en la Eucaristía. Como en el Gólgota, con los brazos y el corazón abiertos de par en par para acoger a todos los hombres. Desea que nos acerquemos a Él con confianza para fundirnos en su amor. Levantado en alto, igual que en la Cruz, espera que le acompañemos, como san Juan junto a su Madre Santísima.

Por esto, a cada cual le toca poner los medios, las ganas, interés sumo para: «—Que no falte a diario un "Jesús, te amo" y una comunión espiritual –al menos–, como desagravio por todas las profanaciones y sacrilegios que sufre Él por estar con nosotros»[1].

Sabía que lo íbamos a necesitar a cada momento, a cualquier hora; y en un exceso de amor, quiso permanecer en la Hostia Santa no solo durante la Consagración y mientras recibimos el Sacramento, sino también en las hostias y partículas consagradas que sobran o se reservan después de la Comunión, para que además de recibirlo corporalmente, podamos acudir al Tabernáculo teniendo la inconmovible certeza de que Él está allí esperándonos.

* * *

Si de verdad ponemos empeño en vivir esta costumbre cristiana que hemos comentado: visitarle, estar con Él, desear recibirlo, aprender de Él, ¡tratarle!..., creceremos sin duda en el Amor, en su Amor.

---

[1] *Surco*, 689.

La Eucaristía nos dará fuerzas para sentirnos más hijos de Dios Padre y más hermanos de todos los hombres: más amables, más solícitos, más generosos, más amigos; nos llevará a ser más audaces, a ser comprensivos y prontos a disculpar, a saber perdonar... El Cuerpo de Cristo transformará día a día nuestras miras terrenas en miras de eternidad. ¡No hay nada más eficaz que la piedad eucarística para recorrer el camino de la santidad!

Por todo esto, bien vale la pena hacer ahora –al terminar estas líneas– el firme propósito de acudir a visitarle cada día. Como nos lo recomienda la Santa Madre Iglesia, hacer de la visita: «... una prueba de gratitud, un signo de amor y un deber de adoración hacia Cristo nuestro Señor»[2].

* * *

Y como compendio final, agradecer al Cielo que –a lo largo de este milenio, en nuestro diario peregrinar hacia la Casa del Padre– este admirable Sacramento sea para

---

[2] *CCE*, n. 1418.

todos los hombres lo que canta la Iglesia: *¡Oh sagrado banquete, en que Cristo es nuestra comida, se celebra el memorial de su pasión, el alma se llena de gracia y se nos da la prenda de la gloria futura!*[3].

Y, para que sea realidad constante en tu vida:

«Lucha para conseguir que el Santo Sacrificio del Altar sea el centro y la raíz de tu vida interior, de modo que toda la jornada se convierta en un acto de culto –prolongación de la Misa que has oído y preparación para la siguiente–, que se va desbordando en jaculatorias, en visitas al Santísimo, en ofrecimiento de tu trabajo profesional y de tu vida familiar... Y también: Procura dar gracias a Jesús en la Eucaristía cantando loores a Nuestra Señora, a la Virgen pura, la sin mancilla, la que trajo al mundo al Señor...»[4].

* * *

---

[3] Liturgia de las Horas. *Corpus Christi*. Ant.: O *Sacrum convivium*, del *Magníficat* de las II vísperas.

[4] *Forja*, 69 y 70.

Aquí, lector amigo, concluyo y dejo mi relato, y lo hago con un cierto temor de haberte cansado con tanta insistencia y consideraciones. ¡No temas ni te canses tú de tratar cada día con más cariño al Señor en la Eucaristía!

Una y otra vez dile audazmente que le quieres..., que deseas visitarle..., y, como enseñó a tantos san Josemaría: *Yo quisiera, Señor, recibiros con aquella pureza, humildad y devoción con que os recibió vuestra Santísima Madre, con el espíritu y fervor de los santos.*